MUÑECAS Y JUGUETES DEL MAL

Casos Reales de Muñecos Diabólicos o Poseídos
que Han Aterrorizado al Mundo

NATHAN AGUILAR

Índice

Introducción

¿Quién de nosotros no ha tenido un encuentro con una muñeca espeluznante? Quizás había uno en su propia colección cuando era niño que simplemente no "encajaba". Siempre parecía estar mirándote. Te hizo sentir raro.

Era con el que evitabas jugar. Tal vez tu hermana tenía una muñeca Baby Alive que estaba un poco demasiado viva para tu zona de confort. O tal vez recuerde el G.I. de su hermano. Joe te sonrió una vez, y todos saben que G.I. Joe nunca sonríe.

Incluso como adultos, muchos de nosotros seguimos teniendo esta ansiedad irracional con los juguetes que otras personas consideran lindos y tiernos. Oh, vamos, dirán tus amigos.

¡Es solo una muñeca! Sonríes y asientes, pensando en silencio, sí, pero, ¿hemos visto demasiadas películas de Chucky? ¿O hay un elemento de verdad detrás de nuestros miedos primitivos?

En realidad, hay muchas razones para creer que nuestros antepasados primitivos contribuyeron a nuestras percepciones más oscuras de los muñecos. Después de todo, los muñecos han existido desde la antigüedad, cuando la creencia en la magia, los monstruos y todas las cosas sobrenaturales y sobrenaturales era la norma. Las niñas romanas, después de ser demasiado "mayores" para jugar con juguetes, dedicaron sus muñecas de madera a las diosas. A veces estas muñecas eran luego usadas en rituales mágicos relacionados con esa diosa en particular.

En el antiguo Egipto, los sacerdotes y magos usaban muñecos (pequeñas efigies de seres humanos) en ceremonias destinadas a librar al cuerpo del mal o maldecir a quienes desafiaban la voluntad de los dioses. Se sabía que las primeras tribus germánicas y escandinavas usaban muñecos en sus diversas ceremonias. La tradición continuó a lo largo de los siglos y fue una parte esencial del paganismo y la brujería europeos. Los registros de los juicios de brujas de Salem, que citan el uso de muñecos, muestran la eventual transferencia de estas prácticas al Nuevo Mundo.

Por supuesto, cuando muchas personas piensan en muñecos malvados, piensan en muñecos vudú. El muñeco vudú moderno es en realidad una creación del Nuevo Mundo, resultado de la mezcla del vudú de África Occidental.

Si bien muchos practicantes del vudú y otras artes místicas utilizan muñecos en sus rituales por razones positivas, como generar amor, salud y prosperidad, hay personas malintencionadas que los usan para fines malévolos. El padre Gabriele Amorth, antiguo exorcista jefe de Roma, explica que los objetos como muñecos, ropa, fotografías y otras posesiones personales de un objetivo previsto pueden ser "hechizados", imponiendo así indirectamente un hechizo a la persona a la que pertenece el objeto. Y sí, en algunos casos, se insertan alfileres en las muñecas para hacer que la víctima experimente dolores de cabeza, dolores de estómago y otras enfermedades. La buena noticia es que no cualquiera puede maldecir a una muñeca u otro objeto. Se necesita una habilidad y un compromiso considerables. "Muchos hechiceros no tienen experiencia o no pueden seguir adelante; otros son simplemente estafadores", dice el padre Amorth.

Si tomamos al padre Amorth en su palabra y acepta que hay una escasez de hechiceros competentes afuera, no pensaría que los informes de comportamiento extraño o aterrador de muñecas serían tan comunes.

embargo, los informes son numerosos y mantienen a los investigadores paranormales, miembros del clero, psíquicos, médiums y otros especialistas similares más ocupados que nunca. No todos pueden ser maldecidos, entonces, ¿qué más explica estas apariciones?

El consenso abrumador entre los profesionales paranormales es que estas muñecas se ven afectadas por la energía espiritual. La energía podría ser residual, es decir, generada e impresa en un objeto de un propietario anterior. O podría ser un espíritu humano que se ha adherido a la muñeca, ya sea porque la muñeca le perteneció en vida, o simplemente porque se siente atraído por ella por su apariencia física, al igual que nos atraen algunas cosas y otras no. También podría ser un espíritu inhumano que se ha instalado en la muñeca por sí sola o porque ha sido "ligado" a él a través de la magia ritual.

La investigadora y autora paranormal Jayne Harris establece esta comparación entre las casas encantadas y los objetos encantados: "En términos simples, si un edificio puede contener energía espiritual residual o inteligente, entonces tiene sentido que otros objetos hagan lo mismo".

Si aceptamos la posibilidad de casas encantadas, o fantasmas / espíritus en general, ciertamente tiene sentido que ellos, espíritus, puedan instalarse en una Chatty Cathy o una Barbie bailarina.

El padre Gary Thomas, el exorcista retratado en la película El Rito, dice: "Si una muñeca u otro objeto tenía algún vínculo emocional con una persona fallecida, no puedo ver por qué no es posible que un espíritu humano se adhiera al objeto".

¿Y qué pasa con un espíritu inhumano? ¿Es posible que los demonios, diablillos, Djinns y similares posean una muñeca u otro objeto? El padre Thomas dice que sí, especialmente en determinadas circunstancias: "Un espíritu o un demonio puede poseer un objeto, incluida una muñeca. Si la muñeca se usó para algún tipo de rito o ritual con fines ocultos o satánicos, el objeto podría ser poseído. "

El padre Mike Driscoll, autor del libro Demons, Deliverance, Discernment, adopta una postura más técnica sobre las palabras utilizadas para describir actividades demoníacas: "Sólo las personas se vuelven poseídas.

Cuando un demonio se apega o controla un lugar en particular, un objeto o incluso animales, se llama infestación".

Apego, posesión, infestación, no importa cómo se llame, todavía surge la pregunta, ¿por qué las muñecas son un recipiente de habitación tan popular para los espíritus en lugar de, digamos, una vieja bata de baño? Bueno, en primer lugar, las túnicas pueden adherirse al espíritu.

Pregúntele a John Zaffis, demonólogo y propietario / operador del Museo Paranormal en Stratford, Connecticut. Si bien no es una bata de baño en sí, una túnica ritual centenaria cuelga en el museo de Zaffis junto con otras prendas de vestir como un vestido de novia, un uniforme de cadete, un par de botas y muchos sombreros.

Estas fueron todas las cosas que Zaffis sacó de los hogares de las personas porque eran la fuente de una perturbación paranormal. Pero, de lejos, la mayor cantidad de objetos que Zaffis ha acumulado a lo largo de los años son muñecas. Lo que nos devuelve a la pregunta: ¿Por qué muñecas?

Zaffis cree que se debe a que las muñecas son como personas en miniatura y, como tales, son más identificables y atractivas para nosotros, especialmente los niños, quienes las animan con energía cuando juegan con ellas, les hablan y usan su imaginación para darles personalidad. Esa energía puede "adherirse" a la muñeca mucho después de que el niño crezca. Puede permanecer inactivo durante años y luego volverse "revitalizado" cuando se coloca en el lugar adecuado.

Sin embargo, no toda la energía espiritual es de este tipo residual. Hay otros espíritus inteligentes que se adhieren deliberadamente a muñecos y otros objetos simplemente porque se sienten atraídos por ellos.

Charles Gotski, investigador paranormal y escritor colaborador de Paranormal Underground Magazine, se pone en la piel de un espíritu cuando escribe: "si yo hubiera fallecido, podría querer estar apegado a algo que se pareciera a lo que recuerdo que tenía mi forma humana, al menos hasta cierto punto". Su opinión sobre por qué las muñecas son objetivos tan populares para el apego espiritual es simple: "Una muñeca representa una forma de mantenerse conectado con un mundo del que el espíritu alguna vez fue parte".

Tan pintoresco como puede sonar para un espíritu que quiere andar por ahí por razones nostálgicas, realmente no es lo mejor para nosotros que todavía vivimos. Dependiendo de la naturaleza del espíritu, ya sea benigno, mezquino, travieso o directamente malvado, la actividad que causa puede ser extremadamente molesta para los humanos. La energía espiritual se alimenta de nuestras emociones humanas, por lo que cuanto más miedo exhibe y siente una persona cuando, digamos, una muñeca parpadea, más fuerte se volverá ese espíritu y más intensificará sus actividades. Quizás la próxima vez la muñeca se mueva por la habitación.

Entonces, ¿qué debe hacer si sospecha que tiene una muñeca encantada en sus manos? Primero, que no cunda el pánico.

No importa cuántas veces hayas visto esa película de los 70 hecha para televisión en la que Karen Black es perseguida en su apartamento por una muñeca fetiche Zuni que empuña un cuchillo, eso no es probable que te suceda a ti. Es posible que tenga un problema con un espíritu molesto, o incluso en el peor de los casos de una muñeca infestada de demonios, pero siempre hay ayuda disponible. Comuníquese con su consejero espiritual. Comuníquese con un investigador paranormal de renombre.

Mantente positivo. Para las personas religiosas, esto significa rezar y pedir protección y ayuda. No intente su propio "exorcismo", ya que esto podría empeorar las cosas, algo así como aplastar a las avispas y enfurecerlas más. Busque la ayuda de un profesional si piensa que necesita este tipo de acción.

Robert

A FINALES de la década de 1890, el Dr. Thomas Otto, un destacado médico y hombre de negocios de Key West, Florida, encargó la construcción de una casa grande y exclusiva para acomodar a su creciente familia. Décadas más tarde, esta residencia de la era victoriana en 534 Eaton Street se conocería como la Casa del Artista, un reflejo del eventual sustento y pasión del Otto más joven, Robert Eugene o Gene, como se le llamaba normalmente.

Los diarios familiares indican que Gene estaba pintando antes de que pudiera hablar. La familia era propietaria de dos farmacias en la isla, que vendían una variedad de materiales de arte además de otras mercancías, y que probablemente fue la fuente de los primeros encuentros del joven Gene con pinturas y pinceles.

Por mucho que el arte cautivó a Gene, hubo otra presencia en su vida que lo cautivó aún más, y uno que se convertiría en una leyenda por derecho propio. Su nombre era Robert.

Robert era la muñeca de Gene. Medía aproximadamente un metro de alto y generalmente se lo veía vestido con un uniforme de marinero. Estaba relleno de finas virutas de madera, cubierto con fieltro y tenía botones de zapatos para los ojos. La leyenda común que rodea los orígenes de Robert es algo como esto:

Gene tenía una niñera de las Bahamas a quien los Otto despidieron cuando la descubrieron practicando magia negra. Sin embargo, antes de irse, le dio al joven Gene un muñeco de tamaño natural para su cuarto cumpleaños que ella había creado solo para él. Algunas historias afirman que el sirviente estaba completamente dedicado a Gene y lo hizo por amor. Otros pintan un cuadro más oscuro y afirman que la mujer hizo la muñeca y luego la maldijo con vudú en un acto de venganza contra los Otto.

El autor David Sloan, en su libro Robert the Doll, descarta ambas versiones de la leyenda y ofrece una alternativa fascinante y minuciosamente investigada.

A través del contacto con representantes de la compañía de juguetes Steiff (el fabricante del oso de peluche original en 1902), Sloan determinó que Robert era en realidad una creación de Steiff, probablemente fabricada alrededor de 1904 en Alemania. Originalmente diseñada como una muñeca de payaso y vestida con un disfraz de payaso arlequín rosa y verde, Sloan cree que la muñeca llegó a Key West cuando Minnie Otto, la madre de Gene, regresó de un viaje a Alemania en 1904 a través del vapor Graf Waldersee. Como el cuarto cumpleaños de Gene estaba a solo unos meses de distancia, habría sido el regalo perfecto.

En cuanto al sirviente descontento y las afirmaciones de la maldición vudú, Sloan arroja algo de luz adicional sobre los antecedentes de la familia que podría ayudar a explicar cómo comenzaron las leyendas. En primer lugar, Minnie Otto era una blanca bahameña. ¿Fue ella la inspiración detrás de la historia de una niñera de las Bahamas que le dio a Gene una muñeca? Quizás. También es un hecho conocido que los Otto emplearon a una pareja de empleados domésticos, William y Emeline Abbott, cuyo linaje se remonta a las Bahamas. Emeline perdió a un hijo en algún momento entre 1900 y 1910. Sigue habiendo algunas especulaciones, según Sloan, que el niño puede haber sido incluso engendrado por Thomas Otto.

· · ·

Lo que hace que esto sea interesante es que varios psíquicos sensitivos han informado haber visto el espíritu que reside dentro de la muñeca de Robert y afirman que pertenece a un niño negro de piel clara. ¿Podría Emeline Abbott, en un esfuerzo por mantener cerca el espíritu de su hijo perdido, haberlo "atrapado" de alguna manera en la muñeca de Gene, ya sea con vudú o con algún otro arte místico? Es una teoría tan viable como cualquier otra.

Pero nada de esto le importaba en ese momento al Gene. Independientemente de dónde vino o quién hizo qué, Gene tomó un gusto inmediato por su nuevo compañero y lo nombró Robert después de su propio nombre de pila.

Desde el primer día, Gene y Robert fueron inseparables.

Robert acompañó a Gene en salidas familiares y viajes de compras, se sentó a la mesa de la cena en su propia silla mientras Gene le daba de comer, observaba desde una percha cercana en el baño mientras Gene se bañaba y, por supuesto, estaba metido en la cama junto a Gene por la noche. En esas ocasiones en que Gene vistió a Robert con una réplica de un traje de marinero y luego usó el suyo, los dos podrían haber sido confundidos con gemelos.

Sin embargo, en poco tiempo, la relación inocente y armoniosa del niño y su muñeca adquirió un carácter más perturbador. Gene siempre había hablado con Robert, como cualquier niño hablaría con una muñeca o un animal de peluche favorito, pero ahora el personal y los padres de Gene estaban escuchando una segunda voz hablando detrás de la puerta cerrada de la habitación de Gene. Esta otra voz era bastante distinta; la de Gene solía ser más aguda y quejumbrosa, mientras que la segunda voz era más profunda e insistente. En una ocasión, la madre de Gene, al escuchar un ruido fuerte en la habitación, parte de una conversación donde se escuchaban bastante enojados, irrumpió por la puerta para encontrar a Gene encogido en una esquina de la habitación y a Robert sentado en una silla mirando al niño en forma de castigo. En otra ocasión, una fuerte conmoción en medio de la noche llevó a los Otto corriendo a la habitación de Gene, donde encontraron un desastre terrible, los muebles volcados y Gene escondido debajo de su manta en la cama. Cuando se le preguntó qué había sucedido, el niño asustado respondió: "Robert lo hizo".

"Robert lo hizo" se convirtió en la respuesta estándar de Gene a medida que empezaban a ocurrir sucesos más y más extraños en la casa de Otto.

· · ·

Cristalería y platos fueron descubiertos tirados y rotos, muebles volcados, ropa de cama tirada al suelo, ropa rota, juguetes rotos y mutilados, y los criados encerrados fuera de las habitaciones. Más escalofriante, algunos miembros del personal informaron haber escuchado risitas provenientes de Robert y haberlo visto correr por la casa. No es sorprendente que la tasa de rotación del personal fuera alta.

La familia y los amigos sabían lo que estaba pasando, y un día la tía abuela de Gene intentó intervenir recomendando que Robert sea desterrado al ático. A pesar de las poderosas protestas de Gene, sus padres empacaron a Robert en una caja y lo colocaron en el ático, con la esperanza de que las cosas se calmaran por un tiempo. Pero aparentemente Robert tenía otros planes. Al día siguiente, la tía abuela fue encontrada muerta en su cama, víctima de un aparente derrame cerebral. Poco después, Robert fue liberado de la prisión del ático y devuelto a Gene.

A medida que Gene creció, decidió poner en práctica sus habilidades artísticas innatas y seguir una vocación como artista. Después de un breve período en la Universidad de Virginia, pasó a estudiar en la Academia de Bellas Artes de Chicago. Después de tres años allí, asistió a la Arts Student League de Nueva York, y de ahí prosiguió sus estudios en París.

Mientras estaba en París, Gene conoció a Annette Parker, una consumada pianista de Boston. Los dos jóvenes estudiantes se llevaron bien al instante y el 3 de mayo de 1930 se casaron. Los recién casados se quedaron en París unos años hasta que Annette terminó sus estudios, luego de lo cual se mudaron a Nueva York donde Gene pintaba y Annette actuaba regularmente en el Rockefeller Center. Esta vida idílica duró hasta 1945 cuando murió la madre de Gene y él quedó como único heredero de la casa de su infancia en Key West.

Aunque a Anne no le entusiasmaba cambiar el bullicio y la emoción de la ciudad de Nueva York por la relajada placidez de Key West, pronto se instaló en una rutina doméstica que le sentaba bien.

Gene se convirtió en un artista célebre en la isla y pasó la mayor parte de sus días pintando en la sala de la torreta de la mansión, donde la iluminación era más favorable para su trabajo. Los vecinos y transeúntes en la calle a menudo podían ver a Gene trabajando en su última creación a través de las muchas ventanas de la torreta.

También veían con frecuencia a alguien más, o algo más, mirándolos.

. . .

Robert.

Desde el momento en que regresó a casa y encontró a su compañero de la infancia guardado en el ático, Gene una vez más quedó encantado con la muñeca y continuó donde la dejó cuando era niño, llevándola consigo, sentándola en la mesa de la cena, y posandola en una silla junto a la cama que compartía con Anne. Se ocupó de hacer muebles reducidos para Robert e incluso le hizo nuevos atuendos, incluido otro traje de marinero y un disfraz de duendecillo. Como era de esperar, Anne no estaba contenta con la obsesión de Gene por Robert y en más de una ocasión trató de esconder la muñeca en el ático. Pero siempre, ya sea a través de las acciones de Gene o de alguna otra manera, Robert encontraba el camino de regreso a sus viviendas.

Con el paso del tiempo, el comportamiento de Gene se volvió más excéntrico y las payasadas de Robert se volvieron aún más inquietantes. Los invitados a la cena se alarmaron al escuchar risas demoníacas y el sonido de pasos provenientes de las habitaciones superiores donde Robert había sido colocado para que pasara la tarde. Otros visitantes, si Robert estaba en la misma habitación que ellos, informaron haberlo visto cambiar las expresiones faciales, a menudo en respuesta a la conversación actual.

Los niños del vecindario informaron haber visto a Robert girar la cabeza y aparentemente burlarse de ellos mientras los miraba desde la ventana de la torreta. Otros testigos afirmaron haber visto a la muñeca correr de ventana en ventana.

El precio que todo esto estaba cobrando en el matrimonio de Gene y Anne se hizo cada vez más evidente para las personas cercanas a la pareja. Se sabía que Gene se molestaba cada vez que Anne intentaba mover a Robert fuera de la vista, y se sospechaba ampliamente que Gene se estaba volviendo cada vez más cruel y abusivo con Anne, no en un aspecto físico, pero sí mental y emocional.

Cuando se enfrentó a su comportamiento, Gene recurrió a la respuesta de su infancia: "Yo no lo hice. Robert lo hizo".

Gene murió el 24 de junio de 1974, después de una larga y difícil batalla contra la enfermedad de Parkinson. Se rumoreaba ampliamente que en lugar de buscar consuelo en su esposa, pasaba sus últimos días en la habitación del ático hablando con Robert. Después de la muerte de Gene, Anne se enfrentó a la desagradable perspectiva de estar a solas con Robert. Y si hay que creer en las historias locales, no fue una coexistencia amistosa.

Robert parecía más que angustiado por perder a su compañero de toda la vida. Parecía enojado, enfurecido incluso, y mostró su mal genio infantil al maldecir a los visitantes de la casa, corriendo febrilmente en la sala de la torreta y apareciendo aleatoria y misteriosamente en otras habitaciones. Para empeorar las cosas, Anne se enteró trágicamente de que Gene no le había dejado nada en su testamento excepto la casa. Todo lo demás fue para su hermana Mizpah, incluidas todas las antigüedades y obras de arte compartidas que podrían haberla mantenido financieramente solvente. Ante las dificultades económicas y una casa vacía que compartía con una muñeca muy inquietante, Anne vendió la casa a su amigo William Gaiser y se mudó a Massachusetts, donde vivió varios años más antes de sucumbir al cáncer.

Gaiser, a su vez, vendió la casa a sus amigos William y Myrtle Reuter a finales de 1974. Robert todavía estaba en la casa, guardado en el piso de arriba, pero pronto estaría causando caos y travesuras. A mediados de los 70, la casa se alquiló varias veces. Dos hombres que fueron inquilinos tempranos informaron haber escuchado ruidos extraños provenientes de la habitación de arriba. A veces era como niños pequeños riéndose; otras veces era el sonido de alguien hurgando. Los hombres siempre subían a investigar, y después de algunas de esas ocasiones notaron que "la muñeca" se había movido. Al principio asumieron que uno le estaba haciendo una broma al otro.

Pero cuando Robert siguió apareciendo en diferentes lugares y posiciones, se dieron cuenta de que estaba sucediendo algo más, algo que no podían explicar. Le pidieron a un amigo suyo, Malcolm, que viniera y echará un vistazo. Cuando Malcolm entró en la habitación de Robert, inmediatamente sintió que estaba entrando en una especie de campo de fuerza. También juró que la expresión de Robert cambió en respuesta a la conversación que estaban teniendo los tres hombres. "Había algún tipo de inteligencia allí. La muñeca nos estaba escuchando".

Un plomero que estaba en la premisa un día informó haber escuchado risitas detrás de él. Cuando se dio la vuelta, Robert estaba en un lado de la habitación diferente al que había estado cuando llegó el fontanero. Otro inquilino informó que Robert lo encerró en el ático durante días y luego lo maldijo con fiebre amarilla.

A pesar de las historias que había escuchado, a Myrtle Reuter le gustó Robert. Al menos un rato. Lo mantuvo en su compañía durante los seis años que vivió en la casa de Otto y lo llevó a su nueva residencia en la calle Von Phister, donde a menudo lo sentaba en el porche delantero.

· · ·

Pero en 1994, cuando Myrtle apareció en la recepción del Museo Fort East Martello para donar a Robert al museo, era evidente que sus sentimientos hacia su compañero de toda la vida habían cambiado radicalmente. "Está embrujado", afirmó Myrtle rotundamente al director asistente del museo, Joe Pais. "Ya no soporto que esté en mi casa". Luego pasó a contarles a los sorprendidos empleados del museo cómo Robert se movía con frecuencia por su casa por su cuenta. Una vez incluso la encerró dentro de una habitación. Myrtle pensó que esto era en retribución por haberlo encerrado una vez después de que su vagabundeo se salió de control. Negándose a aceptar nada a cambio de la muñeca, dejó a Robert en manos de nuevos cuidadores. Myrtle murió unos meses después.

Cuando Robert llegó por primera vez al Museo Fort East Martello, su reputación infame y espeluznante lo llevó a ser colocado en una habitación trasera, cubierto con una sábana junto con otros artículos para una eventual exhibición. La gente podía solicitar una cita para ver a Robert, pero incluso entonces los miembros del personal intentaban reorganizar sus horarios para no ser los que trabajarán durante esas visitas. Aparentemente, a Robert no le gustó este tratamiento. Una noche, varios empleados informaron haber visto algo blanco volar por el aire, por un pasillo, más allá de un arco y por un pasillo.

· · ·

La curadora a cargo del área de Robert era una mujer sensata y no supersticiosa que se había burlado de las historias de la muñeca voladora. Un día no mucho tiempo después de que sucedió el incidente, la curadora no se presentó a trabajar, pero su bicicleta todavía estaba encadenada al portaequipajes frente al museo. Nunca se dio una explicación formal por su repentina partida, pero el personal más tarde se enteró de que había visto algo en la sección de Robert del edificio que la envió gritando y corriendo aterrorizada fuera del museo y todo el camino a casa.

Un cambio de curadores también provocó un cambio en la vivienda de Robert y poco después fue puesta en exhibición pública. Hasta el día de hoy, todavía se lo puede ver dentro de una vitrina de plexiglás, sentado en una silla de madera del tamaño de una muñeca y agarrando un león de peluche apodado Leo. Pero Robert ciertamente no se ha "retirado" en silencio a su nuevo entorno. En todo caso, está más activo que nunca.

"Todos los que trabajamos con él, como mínimo, hemos visto cambiar su expresión facial. La mayoría de nosotros lo hemos visto moverse", relató Thomas Locklear de Historic Tours of America y ex director de operaciones de Ghosts and Gravestones Frightseeing Tour de Key West.

Más de una vez, los miembros del personal del museo han informado haber escuchado ruidos de golpecitos en la exhibición de Robert. Cuando se han vuelto a mirar, han visto la mano de la muñeca presionada contra el cristal de la pantalla.

Una de las historias más extrañas del museo proviene de un empleado que una vez limpió a Robert de arriba a abajo, lo devolvió a su vitrina, apagó las luces y cerró las puertas antes de irse por la noche. Al día siguiente, el empleado, que fue el primero en llegar al museo, se asombró al ver que varias de las luces estaban encendidas, incluida la que estaba cerca del caso de Robert, y que el propio Robert se encontraba en una posición diferente a la que había colocado el empleado la noche anterior. Pero lo más inquietante fue la nueva capa de polvo en los zapatos de Robert. Era casi como si Robert hubiera estado paseando por el museo en medio de la noche.

Aunque el Museo Fort East Martello ha existido durante mucho tiempo (el edificio en sí fue construido durante la Guerra Civil para defenderse de los ataques confederados) y contiene muchos artículos interesantes relacionados con la historia militar, la industria y el arte de Key West, se ha convertido, a todos los efectos, en el museo de Robert. Y Robert reina sobre su ecléctico reino como un príncipe petulante.

A los visitantes se les pide de inmediato al ingresar que sigan las Reglas de Robert: 1. Debes saludarlo cuando entres. 2. Debes pedirle permiso antes de tomar una foto. 3. Debes dar las gracias y despedirse cuando te vayas. Si no sigues las reglas, Robert puede provocar que te sucedan cosas malas. Una gran cantidad de cartas de personas de todo el país están pegadas en la pared detrás de la vitrina de Robert, los escritores se disculpan con Robert por tomar su foto sin preguntar, burlarse de él o por alguna otra infracción por la que ellos creen que ahora están pagando el precio.

La supuesta actividad más común de Robert es causar problemas con los dispositivos eléctricos. Abundan las historias de cámaras que funcionan mal, las baterías se agotan misteriosamente, los teléfonos celulares funcionan de manera errática y las luces parpadean. Incluso ha habido informes de fallas de marcapasos en presencia de Robert. Las personas que toman fotografías a veces encuentran que o todas sus fotografías salieron excepto las de Robert, o ninguna de sus fotografías resultó excepto las de Robert.

Lo que sea que esté detrás de la influencia, las actividades u otros supuestos poderes de Robert the Doll sigue siendo un misterio.

. . .

Muchos sostienen, como se discutió anteriormente, que Robert es la encarnación de una maldición vudú, muy probablemente implementada por William y / o Emeline Abbott. Otros insisten en que está poseído por un espíritu maligno. Y otros piensan que Robert no es tanto malvado como simplemente travieso, la actuación de un niño pequeño atrapado en un objeto inanimado. Otra teoría sugiere que Gene Otto proyectaba tanta energía en el muñeco cuando era niño, gran parte de ella negativa que ahora su espíritu y Robert son uno. Si bien existe mucha especulación y existirá durante algún tiempo, cuando se trata de los extraños sucesos que suceden alrededor de esta muñeca centenaria, una cosa se puede afirmar con bastante confianza: "Robert lo hizo".

Harold

QUIZÁS LA HISTORIA de este muñeco no está totalmente clara. Unos dicen que este muñeco se vendió por primera vez en Ebay, otros que fue heredado de una familia. Pero lo cierto es que no hay nada oficial acerca de este muñeco que se dice que es uno de los más poseídos de todo Estados Unidos. Harold, posee una historia cargada de incógnitas, de misterios y sobre todo del terror de aquellas familias por las que ha pasado, dejando una marca imborrable en cada una de ellas. Quédate con nosotros y descubre la historia completa de uno de los muñecos más aterradores de todo un continente, descubre la historia de Harold el muñeco más encantado.

Como lo dijimos al principio del comienzo de este muñeco se sabe muy poco.

. . .

Pocos son los relatos que hay escritos y pocas las personas que han contado las experiencias acerca de este muñeco.

Según el relato oficial de este muñeco y el que todos pueden ver en su página de internet, esta historia al parecer comienza por el año 2003 con un joven cineasta al que un muñeco en Ebay le llama la atención y despierta en él una posibilidad de hacer una buena película de terror; el muñeco era ideal para la inspiración que este necesitaba.

El primer propietario llamado Greg, intentó vender este muñeco para poder sacárselo de encima cuanto antes. Y comenzó las pujas por 30 dólares. Al final el muñeco no lo pudo vender la primera vez que lo puso a la venta y Harold se volvió a casa con él, por desgracia para Greg.

Meses después, Greg consiguió vender por fin este muñeco, el cual cayó en las manos de una de sus amigas; Kathy, la cual pudo afirmar que en cuanto este terrible muñeco que pensaba vender y con el cual quería sacar mucho dinero con su venta, nada más al llegar a su residencia, comenzaron a pasar cosas de lo más extrañas.

. . .

Meses después de que Kathy lo tuviera en su casa, esta comenzó a escuchar ruidos extraños que no sabía de dónde provenía. Voces y susurros por las noches.

Pasos que parecían venir de donde estaba el muñeco. La joven con más dudas que miedo, intentó ver si realmente Harold era quien hacía estos ruidos, pero todo fue en vano.

Siguió pasando el tiempo y estos fenómenos comenzaron a aumentar considerablemente. La chica ya no sabía qué hacer y dudaba si venderlo o no. Pero quería demostrar que en realidad Harold no estaba poseído y que todo era una gran mentira. Kathy decide quedarse con Harold un año.

Poco después Kathy empezó a hablar con la comunidad de Ebay afirmando que desde que lo guardó en su sótano no le ocurrió nada más extraño. Es por ese motivo que Kathy decide dejarle este muñeco a uno de sus mejores amigos. Stephen, según el testimonio de la propia amiga, era un chico atlético, le gustaba ir a correr, hacer ejercicio, ir al monte, comía sano, no tenía ningún tipo de problema con su salud.

· · ·

Tiempo después de haber tenido el muñeco en casa de Stephen, éste comenzó a sentirse cada día peor. No salía, dejaba todo para última hora y al cabo de los meses, comenzó a enfermar. Los padres lo llevaron al Hospital y una vez allí le diagnosticaron cáncer de pulmón.

Otro de los amigos de Kathy, Ronnie, también fue tocado por la mala suerte de este muñeco. La joven cuenta que cuando uno de sus amigos se iba a ir de viaje, le pidió ver al muñeco antes de su partida, para poder ver a este muñeco con sus propios ojos. Kathy cedió a darle el muñeco, ya que no había ocurrido más nada desde el último incidente. Al tiempo de estar Ronnie en Amsterdam, cayó por un tramo de escaleras y falleció en el acto.

Psíquicos que se han prestado a comprobar si este muñeco realmente tiene algo en su interior, han salido mal parados al poco tiempo de descubrir que realmente este muñeco, o más bien su espíritu, les iba a visitar por las noches.

3

La Muñeca Pupa

PUPA ES una muñeca italiana de la cual se dice que se mueve por sí misma y que sus expresiones faciales, así como sus brazos y piernas, cambian. También se dice que mueve las cosas que la rodean en el estante cerrado donde está guardada. Desde la muerte de su dueña en 2005, las actividades de Pupa han aumentado considerablemente y pareciera que quisiera ser liberada de su prisión.

La particularidad de esta muñeca es que fue hecha a imagen y semejanza de su dueña en Trieste, Italia. Una costumbre muy arraigada en muchas partes del mundo, tanto así que algunas de estas muñecas tienen cabello real provisto por parte del niño o niña al cual emulan o cabello humano vendido al fabricante de muñecas, como es el caso de Pupa.

. . .

Por razones desconocidas, los espíritus se sienten muy atraídos a estos juguetes y sobre todo a las muñecas que son muy propensas a crear vínculos emocionales muy fuertes con sus dueños, los cuales han sido demostrados aún a pesar de que sus dueños hayan crecido o incluso muerto.

La dueña original tuvo a Pupa desde sus 5 o 6 años (1920) hasta su muerte en 2005. La muñeca sobrevivió a los horrores de la Segunda Guerra Mundial, así como varios intentos de destrucción en fechas posteriores. Aún así, la muñeca siempre se mantuvo al lado de su dueña durante los viajes fuera de Italia hacia los EU y de regreso.

Actualmente las actividades de Pupa solo se encuentran en el círculo familiar, aunque su dueña anterior decía que hablaba con ella y le advertía de algún peligro durante su infancia. Nunca se sintió asustada o con una reacción de miedo hacia su muñeca, sin embargo, en estos días, los dueños declaran que cuando pasan cerca de la muñeca sienten que su mirada los sigue y que algunas veces se pueden ver cambios en las facciones de la cara de Pupa.

4

Annabelle

LA DÉCADA de 1970 estaba amaneciendo y Donna estaba a punto de cumplir 28 años. Para su cumpleaños, la madre de Donna le compró una muñeca antigua Raggedy Ann que había encontrado en una tienda de pasatiempos local. A Donna le encantaba la muñeca y pensó que sería una gran decoración para su dormitorio.

A la mañana siguiente, Donna apoyó la muñeca en su cama hecha y, satisfecha de que todo estaba bien en su mundo agradable pero rutinario, se fue a su trabajo de enfermera sin pensar en su nueva compañera de dormitorio.

Todo estaba bien al principio.

. . .

Pero poco después de recibir la muñeca, Donna y su compañera de cuarto, Angie, que también era enfermera, comenzaron a notar algo extraño. La muñeca nunca estuvo en la misma posición cuando regresaron a casa que cuando se fueron por la mañana. Donna solía dejar a la muñeca con las piernas extendidas y los brazos a los lados. Pero cuando llegaron a casa las piernas de la muñeca estarían cruzadas o sus brazos estarían descansando en su regazo. Después de unos días de esto, los compañeros de cuarto "probaron" la muñeca. Deliberadamente cruzaron los brazos y las piernas de la muñeca antes de irse a trabajar. Efectivamente, cuando llegaron a casa, la muñeca estaba sentada allí con sus apéndices sin cruzar.

Pronto no solo sus brazos y piernas parecían moverse. Comenzó a trasladarse a diferentes lugares del apartamento. Varias veces, las mujeres llegaban a casa y se encontraban con la muñeca sentada en el sofá de la sala a pesar de que Donna la había dejado en su habitación con la puerta cerrada por la mañana. En una ocasión particularmente inquietante, Donna y Angie llegaron a casa y se encontraron con la muñeca arrodillada en una silla junto a la puerta principal. Cómo podía arrodillarse desconcertó a las mujeres, ya que no pudieron hacer que la muñeca se mantuviera erguida cuando intentaron hacerla arrodillarse.

· · ·

Además de moverse libremente por el apartamento, la muñeca ahora estaba haciendo algo más que inquietaba a las mujeres, por decir lo mínimo: les dejaba mensajes escritos. En pequeños trozos de papel de pergamino, escritas a lápiz con un garabato infantil, estarían las palabras "Ayúdanos" o "Ayuda a Lou", siendo Lou la prometida de Angie. Lo más preocupante era el hecho de que ni Donna ni Angie tenían papel pergamino. Tampoco había lápices en ningún lugar del apartamento.

Suponiendo en este punto que alguien irrumpía en su apartamento y les hacía una broma desagradable, los compañeros de habitación dejaron marcas en las puertas y ventanas y colocaron las alfombras de cierta manera para poder saber si alguien había estado en el apartamento mientras ellos estaban. desaparecido. Sin embargo, todos sus intentos fueron en vano, ya que ninguna de sus marcas fue alterada.

Una noche, en medio de todos estos sucesos, Donna y Angie llegaron a casa y encontraron la muñeca, para su alivio, en la cama de Donna, donde pertenecía. Pero tras una inspección más cercana, vieron que la muñeca tenía sangre en el dorso de la mano y tres gotas de sangre en el pecho.

. . .

Habiendo descartado a un bromista y sabiendo con la certeza de que no estaban ambos imaginando cosas, las mujeres se acercaron a un médium en busca de ayuda.

La médium les dijo que una niña llamada Annabelle Higgins había muerto en la propiedad años antes de que se construyera el edificio de apartamentos. Annabelle todavía estaba allí en forma de espíritu, y eligió estar en este apartamento porque sentía que Donna y Angie podían entenderla mejor que los otros adultos ocupados en el edificio. Ella había estado moviendo la muñeca, explicó, como una forma de llamar la atención de las mujeres. Ella solo quería ser amada, les dijo a través del médium. Luego preguntó si podía meterse en la muñeca y quedarse con ellos. Compasivo por naturaleza, las dos enfermeras accedieron a la petición del espíritu. Después de eso, se refirieron a la muñeca como "Annabelle".

Desafortunadamente, el escenario de una gran familia feliz del que se habló en la sesión no funcionó realmente.

Por un lado, Annabelle parecía tener un problema con Lou, la prometida de Angie. Desde el principio, a Lou nunca le había gustado la muñeca. Lo sentía "malvado", y en más de una ocasión le dijo a Donna que debería deshacerse de él.

Durante el período de seis semanas que la muñeca estuvo en el apartamento, Lou comenzó a experimentar pesadillas recurrentes. Un "sueño" en particular confirmó su juicio sobre Annabelle.

Después de caer en un sueño muy profundo, Lou tuvo lo que podría llamarse una experiencia extracorporal.

Recordó haberse visto a sí mismo despertando y sintiendo que algo andaba terriblemente mal. Sin embargo, cuando miró a su alrededor, todo en su habitación parecía normal. Entonces lo vio. A los pies de su cama estaba la muñeca Annabelle y se movía hacia él. El miedo se apoderó de él mientras veía a Annabelle deslizarse por su cuerpo, moverse sobre su pecho y detenerse en su cuello.

Luego movió los brazos a ambos lados del cuello de Lou y comenzó a estrangularlo. Lou se agitaba y se retorcía de dolor mientras intentaba apartar la muñeca, pero era como intentar apartar una pared de cemento. La muñeca de tela Raggedy Ann simplemente no se movía. Lou luchó hasta que finalmente se desmayó. A la mañana siguiente, la muñeca se había ido y, aparte de un recuerdo horrible, no había pruebas de que hubiera ocurrido algo fuera de lo común.

. . .

Lou estaba seguro, sin embargo, de que lo que experimentó no había sido un sueño, y sólo fortaleció su determinación de convencer a Donna de que se deshaga de Annabelle.

También pareció fortalecer la resolución de Annabelle.

Poco después del incidente del "sueño", Lou estaba en el apartamento de mujeres repasando algunos detalles de último minuto con Angie sobre un viaje que iba a hacer por la mañana. Eran alrededor de las once de la noche cuando los dos de repente escucharon ruidos provenientes de la habitación de Donna. Pensando que tal vez alguien había entrado, Lou se acercó silenciosamente a la puerta cerrada del dormitorio. Esperó hasta que los ruidos cesaron y luego abrió con fuerza la puerta y encendió la luz. No había nadie más que Annabelle, y ella estaba tirada al azar en un rincón. Lou entró en la habitación para ver más de cerca las cosas cuando de repente tuvo la clara sensación de que alguien estaba detrás de él. Se dio la vuelta y luego se dobló de dolor cuando algo caliente y afilado le cortó el torso. Al escuchar sus gritos, Angie entró corriendo y lo vio agarrándose el pecho, su camisa rota y sangre corriendo por sus dedos. Ella lo guió de regreso a la sala de estar e inspeccionó las heridas de Lou.

. . .

No podía creer lo que veía. Las marcas de garras, tres verticales y cuatro horizontales, se rasparon en el pecho de Lou con tanta claridad como el día.

Sorprendentemente, las marcas se aclararon increíblemente rápido. Se habían ido a la mitad al día siguiente y al siguiente se habían ido por completo. Pero esa fue la gota que colmó el vaso para convencer a Donna y Angie de que Annabelle no era exactamente lo que decía ser.

Temerosos de que se rieran de ellos o se los considerara locos si acudían a cualquiera con su historia, se pusieron en contacto con un sacerdote episcopal que conocían de una universidad cercana. Confiaron en él y resultó que sus instintos eran buenos. El padre Lawrence escuchó todo el relato, sobre Annabelle moviéndose, los mensajes extraños, el contacto espiritual y los cortes de Lou, y les dijo que los creía, pero que sentía que debía contactar a su superior, ya que su propia experiencia en tales asuntos era mínima.

Cuando el padre Edward escuchó la historia de su joven compatriota, sospechó que no se trataba de un simple fantasma, especialmente dado el ataque físico a Lou.

· · ·

Así que refirió el caso a Ed y Lorraine Warren, recono-
cidos demonólogos de cuyo trabajo había oído hablar, y
les preguntó si evaluarían el caso antes de que él tomara
medidas adicionales. Los Warren aceptaron el caso y se
reunieron con Donna, Angie y Lou poco después.

Los Warren no tardaron mucho en concluir que de hecho
había un espíritu unido a la muñeca Annabelle, pero no
era el de una niña llamada Annabelle Higgins. Fue algo
inhumano-demoníaco. Mientras Lorraine caminaba a
través del apartamento para discernir la actividad espiritual (Lorraine es una clarividente y una médium de
trance ligero), Ed les explicó a los compañeros de habitación que los fantasmas comunes no tienen la capacidad
de teletransportarse, escribir mensajes, manifestar sangre
y, particularmente, atacar físicamente a alguien. con la
intensidad que le pasó a Lou. Recomendó que llamaran a
un sacerdote de inmediato para un exorcismo. Lorraine
estuvo de acuerdo, diciendo que sí percibió un espíritu en
el apartamento, uno cuyo comportamiento era impre-
decible.

Mientras esperaban a que llegara el padre Edward, los
Warren explicaron además que la entidad en su apartamento los había engañado desde el principio.

· · ·

Movió la muñeca para despertar su curiosidad y captar su atención. Luego, cuando tuvo eso, usó la muñeca para infundir miedo e incluso heridas. "Esta es la naturaleza del espíritu inhumano", dijo Ed. "Es negativo, le gusta infligir dolor". Pero para empeorar las cosas fue cuando las mujeres llamaron al medio. La entidad "apareció" como una niña perdida e inocente cuando en realidad era un espíritu demoníaco mentiroso y traicionero que jugó con la compasión de las enfermeras para ganar un punto de apoyo en sus vidas. Lo que buscaba, y lo que recibió, era permiso para mudarse a la muñeca Raggedy Ann. "Fue como entregarle a un loco un arma cargada", les dijo Ed.

Entonces, ¿la muñeca estaba poseída? Donna y Angie querían saber. Los Warren les dijeron que no, los espíritus demoníacos no poseen objetos, poseen personas. Y, finalmente, eso es lo que la entidad en su apartamento esperaba hacer: poseer a uno o a todos. Sentía un odio especial por Lou porque representaba una amenaza. Sospechaba que había algo malvado en la muñeca y estaba decidido a hacer algo al respecto. Desafortunadamente, eso lo convirtió en un objetivo para el demonio.

"Hemos visto esta marca de garra en otros casos", le dijo Ed a Lou. "Es una señal reveladora de una presencia inhumana".

Ed dijo además que Lou tuvo suerte de que eso fuera todo lo que le pasó. En una semana o dos, cualquiera de los ocupantes del apartamento podría haber muerto.

Para entonces, el padre Edward llegó al apartamento y acordó realizar un ritual de bendición de exorcismo, que consistía en una oración de cinco minutos en cada habitación. Cuando terminó, también bendijo a todos los presentes, después de lo cual Lorraine confirmó que no había espíritus negativos en el apartamento. Para Donna, Angie y Lou, la pesadilla había terminado. Pero solo para estar segura, Donna le preguntó a Ed si se llevaría la muñeca con él. Regalo o no, ya no quería tener nada que ver con eso. Ed estuvo de acuerdo y los Warren se despidieron con Annabelle a cuestas.

La buena noticia era que Donna, Angie y Lou ahora estaban libres del espíritu demoníaco que había invadido su apartamento durante seis semanas. La mala noticia era que todavía estaba unida a Annabelle.

Los Warren pronto descubrieron esto mientras conducían a casa después del exorcismo.

. . .

Con la sospecha de que tal vez la entidad negativa
todavía estaba merodeando, Ed y Lorraine colocaron la
muñeca en el asiento trasero y deliberadamente eligieron
no conducir a casa por la Interestatal, por sí Annabelle
causaba problemas. Su corazonada era correcta. Apenas
se pusieron en marcha, ambos sintieron una intensa
sensación de odio dirigida hacia ellos. Luego, al entrar en
una curva en la carretera, su automóvil se desvió y se
detuvo, casi provocando que chocaran con el tráfico que
venía en sentido contrario. Esto sucedió un par de veces
antes de que Ed metiera la mano en su bolso, sacara un
frasco de agua bendita y lo arrojara sobre la muñeca
mientras hacía la señal de la cruz sobre ella. Esto pareció
funcionar, ya que los Warren no experimentaron más
disturbios en el camino a casa.

Durante los días siguientes, Ed mantuvo a Annabelle en
una silla en la oficina de su casa. Ed informó que ella levi-
taba varias veces, pero parecía cansarse de ese juego con
bastante rapidez cuando él no mostró una reacción.

Después de eso, se diversificó y se movió de una habitación a otra. No era inusual que los Warren encerraran a
Annabelle en una habitación antes de irse por negocios
por la mañana solo para encontrarla sentada en un sillón
en otro cuando regresaban a casa.

· · ·

Durante este tiempo, los Warren también informaron haber visto un misterioso gato negro en su casa. Pero a diferencia de un típico callejero, este gato -sin duda amigo de Annabelle- se materializaba repentinamente junto a la muñeca, se escabullía alrededor de la habitación mientras investiga los libros y las curiosidades de Ed, y luego vuelve con Annabelle y desmaterializa de la cabeza hacia abajo.

Un día, un sacerdote católico, el padre Mark, se acercó para discutir algunos asuntos con Ed. Se dio cuenta de que Annabelle estaba sentada en una silla y le preguntó a Ed sobre esta nueva incorporación a su oficina. Ed le contó toda la historia, después de lo cual el padre Mark tomó la muñeca y dijo con indiferencia: "Eres sólo una muñeca de trapo, Annabelle. No puedes lastimar nada".

Ed se rió y le dijo que probablemente eso era lo inco-rrecto, pero el sacerdote se encogió de hombros y tiró a Annabelle de nuevo a la silla. Más tarde, mientras se preparaba para irse, Lorraine lo instó a tener especial cuidado en el viaje de regreso a casa en el coche, guar-dándose para sí misma que había discernido un problema en ciernes para el sacerdote. Poco tiempo después, el padre Mark llamó a los Warren. Estaba de regreso en la rectoría, pero quería que Lorraine supiera que sus instintos habían sido correctos: sus frenos habían fallado y casi muere en un accidente automovilístico.

En otra ocasión, un detective de la policía se acercó a la oficina de Ed para obtener ayuda con un caso de asesinato relacionado con la brujería en el que estaba trabajando. Mientras estaba en medio de la reunión, Lorraine llamó a Ed para que subiera las escaleras y tomara una llamada telefónica de larga distancia. Antes de irse, Ed le dijo al detective que se sintiera libre de mirar a su alrededor pero que no tocara ninguno de los objetos de la oficina, ya que algunos habían estado involucrados en actividades demoníacas. Unos cinco minutos después, el detective se apresuró a entrar a la habitación de arriba donde estaba Ed, temblando y pálido. Cuando Ed le preguntó qué le pasaba, el detective respondió entrecortadamente: "La muñeca, la muñeca de trapo es real ..."

Los Warren finalmente hicieron construir una vitrina especial para Annabelle, en la que todavía se encuentra hasta el día de hoy y que el público puede ver en el Museo de lo Oculto ubicado en la propiedad de los Warren. En una entrevista reciente, Lorraine explicó: "Al menos cuando está sentado, sabemos dónde reside. No está en el mundo causando daño a los demás. Tenemos un sacerdote católico que realiza una oración vinculante alrededor de la muñeca que actúa como un bloqueo ... Piense en ello como similar a una cerca eléctrica para perros que mantiene al perro dentro de los límites establecidos ".

· · ·

Pero si desafías a un perro realmente vicioso, vengativo e inteligente, incluso si está dentro de los límites declarados, aún puedes convertirte en el juguete masticable de ese perro. Esto es lo que un joven descubrió trágicamente cuando visitó el Museo de lo Oculto un día poco después de que Annabelle fuera encerrada. Habiendo llegado en motocicleta con su novia, el hombre escuchó mientras Ed contaba la historia sobre la muñeca. Después, se acercó al estuche de Annabelle y comenzó a golpearlo y a gritarle al muñeco que le hiciera rasguños como lo hacía con otras personas. Ed rápidamente hizo salir al hombre. Los Warren se enteraron más tarde de que el joven y su novia se habían estado riendo de Annabelle en el camino a casa cuando, de repente, el hombre perdió el control de la motocicleta y chocó de frente contra un árbol. El impacto lo mató instantáneamente y puso a su novia en el hospital durante un año.

En cuanto a Annabelle, se sienta contenta en su vitrina ... esperando a que alguien la abra.

5

Okiku

En Japón, tierra de mitos, fantasmas y criaturas extrañas, ocurrió hace más de ocho décadas el increíble caso de Okiku, la muñeca poseída presuntamente por un espíritu y cuyo cabello no para de crecer. La historia de este sobrenatural juguete se relaciona con una pequeña niña japonesa llamada Kikuko Suzuki, de tres años de edad, quien en 1932 contrajo una grave enfermedad que la obligó a guardar cama durante algunos meses.

Durante su convalecencia, el hermano mayor de Kikuko, Eikichi Suzuki, de 17 años, visitó la ciudad de Hokkaido (Sapporo), lugar donde le compró un regalo a su pequeña hermana enferma. Se trataba de una simpática e inofensiva muñeca que media unos 40 cms. de alto, tenía un pelo negro cortado a la altura de los hombros y vestía con un kimono tradicional japonés.

Sus ojos, además. parecían perlas negras dentro de una cara blanca de porcelana hiperrealista. En cuanto Eikichi vio la muñeca, supo inmediatamente que parecía hecha especialmente para su hermana; por ello, la compró de inmediato.

Cuando Kikuko recibió la muñeca de manos de su hermano no volvió a separarse de ella. De inmediato la bautizó con el nombre de Okiku, jugaba a diario con ella, la cuidaba a conciencia para que no sufriera daños y le hablaba en los típicos juegos infantiles que suelen jugar las niñas de corta edad. No obstante, con el paso del tiempo la salud de Kikuko comenzó a empeorar. Tanto, que, en enero de 1933, la niña falleció tras pasar algo más de cinco meses postrada en su cama, acompañada a diario por su inseparable muñeca.

Como era costumbre en Japón, el día de la cremación del cadáver de Kikuko sus familiares colocaron los objetos que la niña más estimaba para que se quemaran junto a ella, pero debido al gran dolor de su pérdida, la familia olvidó dejar la muñeca entre los objetos que debían incinerarse. Contrarios a quemarla después, la familia decidió finalmente conservar la muñeca colocándola algunos días después junto a las cenizas de la pequeña en un pequeño altar dentro de la vivienda familiar.

· · ·

Sin embargo, con el paso del tiempo la familia se percató, con espanto, que el cabello color azabache y liso de la muñeca, que había sido cortado hasta los hombros en un estilo tradicional, comenzaba inexplicablemente a crecer.

En cosa de semanas el cabello había crecido hasta las rodillas de la muñeca, lo que movió a pensar a la familia que el espíritu de Kikuko estaba de alguna manera dentro de la muñeca. Incluso cuando volvieron a cortar de nuevo el pelo de la muñeca, éste volvía a crecer sin razón alguna.

Con el comienzo de la Segunda Guerra Mundial en 1939, la familia Suzuki emigró de su lugar de residencia, y aunque estaban seguros que el espíritu de Kikuko se encontraba en el interior de Okiku, confió la custodia de la muñeca a los sacerdotes del templo Mannenji en la ciudad de Iwamizawa, Japón, quienes la guardaron junto a las cenizas de la niña. La familia, por supuesto, también les explicó a los sacerdotes del templo las cualidades sobrenaturales de la muñeca. Los monjes del templo, pese a su incredulidad inicial, comprobaron posteriormente con sus propios ojos cómo el pelo de la muñeca seguía creciendo.

· · ·

De ese modo, a medida que fue pasando el tiempo cortarle el pelo a Okiku se convirtió en una de las tantas tareas habituales de los sacerdotes en el templo, y éstos incluso solían colgar como adorno las fotografías de la muñeca con el pelo de diferentes medidas.

La muñeca Okiku todavía permanece en la actualidad en el templo Mannenji, en la prefectura japonesa de Hokkaido, donde es visitada cada año por miles de curiosos que quieren comprobar por ellos mismos el fantástico portento. Hoy en día, algunos incluso aseguran que no sólo el pelo de Okiku sigue creciendo, sino que los labios, que antes estaban cerrados, ahora permanecen levemente abiertos mientras que los ojos oscuros parece que miraran fijamente a los visitantes, como si tuviesen vida propia.

6

Letta

HABÍAN PASADO años desde que Kerry Walton pensó en la legendaria casa encantada en su ciudad natal de Wagga Wagga en New South Wales. Pero cuando regresó a casa en 1972 para asistir al funeral de su abuela, esos recuerdos de la infancia lo inundaron una vez más. Sin embargo, esta vez mientras miraba la casa en ruinas, no estaba tan asustado como estaba intrigado. Ahora, un comerciante de coleccionables, Kerry, se encontró pensando que el viejo edificio podría contener algo más valioso que algunos fantasmas.

Dejando a un lado sus temores de la infancia, Kerry se dirigió a la morada abandonada hace mucho tiempo, encontró una abertura en el sótano y se aventuró con una linterna en la mano, con la esperanza de encontrar algunos tesoros de cristal antiguos.

Décadas de polvo y telarañas acumulados en la vivienda oscurecida hizo que encontrar cualquier cosa fuera un desafío, pero de repente la luz de Kerry se iluminó con algo sorprendente, tan sorprendente, de hecho, que Kerry se levantó de un salto y casi se cae a sí mismo en una viga del techo. Lo que Kerry había visto a la tenue luz de su linterna era un rostro, un rostro que en un principio pensó que pertenecía a un pequeño niño muerto. Tras una inspección más cercana, Kerry vio que en realidad era un muñeco grande. Pero este no era un muñeco de bebé. La cosa, que se parecía a una marioneta, era decididamente masculina, con penetrantes ojos oscuros, una gran nariz aguileña y un mentón alargado y prominente que hacía que su apariencia general fuera bastante grotesca. No obstante, Kerry recogió el muñeco y salió del sótano antes de que le asaltaran más sorpresas.

Durante el largo viaje a casa, Kerry y su hermano tenían al muñeco en un saco en el asiento trasero de su camioneta. Fue un viaje un poco perturbador, recordó Kerry, porque cada vez que los faros de los autos que se aproximaban brillaban en la camioneta, parecía que el muñeco se movía dentro del saco. Kerry y su hermano también informaron haber escuchado sonidos extraños provenientes del saco, pero trataron de tomarlo a la ligera para poder conducir a casa de manera segura. En broma, atribuyeron las palabras "déjame salir" al muñeco, y eso llevó a que de ahora en adelante el muñeco se llamará Letta.

Cuando Kerry llegó a casa con Letta, la extrañeza continuó. El perro de la familia de los Walton, un corgi normalmente de modales suaves, inmediatamente trató de atacar al muñeco en un frenesí de ladridos y chasquidos, comportamiento completamente adverso a cualquier cosa que Kerry hubiera presenciado antes en su perro.

Familiares y amigos comentaron cómo el muñeco los repelía y cómo sus ojos siempre parecían seguirlos. Los niños de Kerry realmente jugaron con el muñeco durante el día, pero una noche cuando Letta se quedó en su habitación, los niños se despertaron gritando, lo que llevó a Kerry a guardar al muñeco en el sótano, donde permaneció durante cinco años.

Letta pudo haber estado fuera de la vista, pero él no estaba loco. Incluso después de cinco años, la curiosidad de Kerry sobre los orígenes de la muñeca se mantuvo fuerte, y finalmente decidió obtener una evaluación experta. Llevó al muñeco al Museo Australiano en Sídney, donde le dijeron que la muñeca tenía entre 175 y 250 años y probablemente era obra de un artesano gitano de Europa del Este. Los gitanos en ese momento creían en la transferencia de espíritus y a menudo creaban muñecos para actuar como santuarios para las almas humanas después de la muerte. La edad de la muñeca se puede determinar por los clavos en la suela de sus zapatos.

Otros detalles sobre la muñeca eran igualmente fascinantes, como que tenía cabello humano y venas de sangre simuladas grabadas en sus ojos. Pero quizás lo más intrigante del muñeco fue su "cerebro". Visible cuando se levantó la parte superior de la cabeza del muñeco, esta réplica de un cerebro humano Kerry la describió como "algo parecido al color de un periódico mojado".

Pensando que la edad y la singularidad de la muñeca podrían hacerla valiosa, Kerry anunció que el muñeco estaba a la venta. No pasó mucho tiempo para que llegara una oferta generosa, pero cuando Kerry llegó a la casa del comprador y trató de sacar a Letta del auto, descubrió para su asombro que físicamente no podía. "Estaba pegado a mi asiento. No importa cuánto lo intenté, no podía moverme". Sentado allí en su auto con la lluvia a cántaros, Kerry se dio cuenta de que, por alguna razón, él y Letta debían permanecer juntos.

Si bien muchas personas encontraron a Letta horrible y espeluznante y prefirieron no estar en su compañía, Kerry se llevaba bien con la efigie antigua. De hecho, tener a Letta cerca comenzó a ser una bendición en lugar de una maldición. Habiendo luchado financieramente durante algún tiempo, Kerry ahora se sorprendió gratamente al ver que su negocio de coleccionables se volvía rentable.

. . .

No solo eso, a él y a Letta se les pedía cada vez más que aparecieran en programas de entrevistas de televisión y en varias ferias y exposiciones. Cuando la psíquica de Brisbane, Kisha, se enteró de esta inusual historia, se ofreció a investigar más y celebró una sesión durante la cual declaró que la muñeca albergaba el recuerdo de una tragedia y que "sentía" tristeza por un niño que se había ahogado. La razón por la que llovía tan a menudo cuando Letta estaba afuera (lo que siempre parecía hacer) se debía a la asociación con el agua y ahogo.

Kisha, Kerry y Letta pronto aparecerían juntas en State Affair, un programa de noticias de la televisión australiana, en 1981. Antes de la grabación, Letta fue llevada a la oficina de Kisha para que el equipo de cámara pudiera determinar la mejor manera de filmar a los dos juntos durante la grabación del segmento. Kisha recordó ese encuentro: "Cuando el muñeco llegó a mi oficina bajo la lluvia, un cuadro cayó inmediatamente de la pared y el reloj se detuvo". Sin inmutarse, la psíquica colocó el muñeco en su regazo mientras los camarógrafos alineaban su equipo. Entonces sucedió algo muy extraño e inesperado. ¡El muñeco se retorcía en su regazo! Trató de convencer a la tripulación de lo que acababa de suceder, pero lo pasaron mal creyéndole. "¡Oh, vamos! Eso es imposible", dijo uno de los hombres.

· · ·

Pero entonces sucedió algo que los hizo creyentes: Letta, muy lentamente, movió la cabeza. "Se podía escuchar el crujido de la madera al girar y mirar directamente a la cámara", recordó Kisha. Y entonces, justo en ese momento, se encendió una bombilla. Uno de los camarógrafos se puso de un blanco mortal y salió disparado de la habitación. Kisha aprovechó la oportunidad para sintonizar a Letta para aprender más sobre la historia y el significado de la muñeca. "Al sintonizarme con el muñeco, descubrí el alma de un niño de seis años atrapado en el recipiente de madera. El niño se había ahogado durante una tormenta en una zona aislada de Rumanía. Su padre, abrumado por el dolor, forjó una vida en torno a la preparación para la ceremonia de transferencia del alma. "El niño ha estado encarcelado durante siglos. Está confundido y asustado", dijo Kisha a su audiencia televisiva. También afirmó que se enteró de que la muñeca fue traída a Australia por inmigrantes y enterrada en el sótano de una casa antigua.

La historia de la muñeca gitana encantada y las revelaciones de Kisha se difundieron rápidamente gracias a la exposición en una revista nacional. Un grupo de investigadores paranormales estadounidenses que se enteraron de la historia viajaron a Australia y llevaron a cabo una sesión de espiritismo por su cuenta con el permiso de Kerry.

. . .

Sus resultados fueron buenos: Letta supuestamente habló a través de ellos en la sesión y confirmó todo lo que Kisha había aprendido, más este pequeño dato para Kerry. "Los estadounidenses me dijeron que nunca podría deshacerme de la muñeca", reveló. "Al menos eso explica por qué no pude salir del coche".

Los estadounidenses inmediatamente quisieron llevar a Letta a un circuito de programas de entrevistas en Estados Unidos, pero Kerry optó por hacer una gira por Australia con psíquicos y astrólogos conocidos localmente. La gira fue muy popular, especialmente porque siempre existía la posibilidad de que ocurriera algo fuera de lo común. En una parada en Brisbane en abril de 1981, Letta se exhibió en un centro comercial en medio de una gran multitud a plena luz del día. Cuando se corrieron las cortinas de la exhibición, las mujeres comenzaron a gritar entre la audiencia. Uno se desmayó y otro vomitó, todo debido al miedo extremo. Kisha especuló después que Letta proyectaba esos sentimientos negativos porque no le gustaba estar ahí, no le gustaba ser una exhibición.

En otra parada de la gira, que atrajo a unas 200 personas, Kerry acababa de colocar a Letta en el escenario y estaba invitando a la multitud a reunirse cuando, nuevamente, una mujer comenzó a gritar.

Cuando la multitud sorprendida miró hacia el escenario, la fuente de la angustia de la mujer se reveló: ¡Letta estaba moviendo la cabeza!

Ver a el muñeco moverse por sí solo era algo que Kerry había visto antes. "Durante mucho tiempo lo tuve sentado en una vieja mecedora en el piso de arriba. Sus brazos y piernas se movían solos". La esposa de Kerry ha afirmado haber visto cómo el muñeco cambia su apariencia física, un día luciendo triste, al siguiente feliz y sonriente. "Sé que suena extraño", dijo, "pero él cambia sus expresiones faciales".

En 1994, Kerry y Letta se preparaban para hacer otra entrevista televisiva, para el programa australiano The Extraordinary, que transmitía episodios de verdaderos eventos paranormales. Mientras Kerry estaba sentado en el estudio, sosteniendo a Letta en su regazo y respondiendo las preguntas del entrevistador, uno de los grandes focos se apagó detrás de él.

Después de unos momentos caóticos durante los cuales el equipo arregló la iluminación, Kerry explicó con calma que las bombillas se apagan con bastante frecuencia cuando Letta está cerca.

· · ·

Cuando se habla de la muñeca en un futuro posterior, Kisha tenía su propio punto de vista sobre por qué ocurrió ese reventón en particular en el set de The Extraordinary. Ella creía que Letta "recordaba" las burlas de los camarógrafos en su oficina años atrás cuando trató de decirles que el muñeco se movía en su regazo. Entonces, cuando lo colocaron en un entorno similar con cámaras y luces, se enojó y actuó de acuerdo con ese recuerdo. Como explicó Kisha: "Es real. Tiene la energía de alguien atrapado en él. Tiene recuerdos. Sentiría las emociones".

Hasta el día de hoy, muchos fenómenos inexplicables continúan sucediendo alrededor de Letta. Como se señaló anteriormente, llueve con frecuencia cuando lo llevan afuera. Todos los perros, no solo el de Kerry, le ladran y muerden ferozmente.

Las imágenes a menudo se caen de las paredes cuando lo llevan a una habitación. Y muchas personas informan que se sienten tristes y asustadas cuando lo ven. Kerry ha dicho que en varias ocasiones los militares que habían sido llamados a su casa se negaron repentinamente a entrar cuando se acercaron al umbral, a pesar de que no sabían que el muñeco estaba dentro. "Simplemente sintieron una presencia maligna y se negaron a entrar", dijo Kerry.

. . .

A lo largo de los años, Kerry se ha sentido cómodo con tener a Letta cerca. En una entrevista televisiva de 2002, Kerry dijo que él y su esposa creen que Letta ha traído buena fortuna a sus vidas y que la muñeca "no está a la venta a ningún costo", a pesar de que algunas ofertas han sido muy generosas por ella, una de ellas llegó a los $10,000. Quizás parte de la desgana de Kerry proviene de las advertencias que ha recibido de varios médiums que le han dicho que nunca debe intentar deshacerse del muñeco o se verá acosado por la mala suerte. Independientemente de las razones, Letta permanece en posesión de Kerry Walton. ¿O es al revés?

7

Mandy

UN DÍA MANDY fue una adorable muñeca de porcelana, estamos seguros de ello, pero el tiempo no pasa en balde y, aunque desconocemos qué pudo ocurrirle, parece que algo oscuro se detuvo en ella, pues los fenómenos paranormales no han dejado de seguirla y hoy es considerada la antigüedad más malvada de Canadá.

Se calcula que Mandy fue creada entre 1910 y 1920, quizá en Inglaterra o en Alemania, por el tipo de fabricación.

Sea como sea, tuvieron que pasar más de 70 años hasta que volvió a ver la luz.

. . .

Fue en 1991, cuando Mandy prácticamente rebotaba contra el escritorio de Ruth Stubbs, la por entonces conservadora del Museo Quesnel, en la Columbia Británica (Canadá). Su dueña la soltó allí, visiblemente angustiada, asegurando que la muñeca había pertenecido a su bisabuela y que debido a su lamentable estado, quería deshacerse de ella y evitar que su hija le cogiera cariño y jugara con ella.

Ruth Stubbs aceptó la muñeca y se quedó con ella. Sola.

Al parecer, no sólo el aspecto de Mandy, con sus grietas y golpes resultaba algo inquietante, como declaró la conservadora: "había en ella algo terrible, transmitía la sensación de un niño real aterrado". No obstante, como buena profesional, achacó esta angustiosa sensación a la apariencia de la pieza y procedió a prepararla para un examen en el que evaluarían su estado de conservación.

Para ello, envolvió a Mandy en plástico y la dejó en su mesa de trabajo, en una zona común del museo. ¿Adivinas qué ocurrió cuando los compañeros de Ruth la vieron? Cada uno de ellos manifestó lo escalofriante que les resultaba su presencia. Este sería sólo un pequeño aviso de lo que iría sucediendo más tarde en el museo, tras la llegada de tan curiosa muñeca.

Una vez se comprobó que no había insectos en ella, Mandy estaba lista para la sesión de fotografías de rigor, que todas las piezas del museo pasan antes de ser presentadas ante el público. No, no ocurrió nada sobrenatural durante esta sesión y las imágenes se llevaron a revelar al laboratorio. Cuando la fotógrafa y su pareja entraron en este, al día siguiente, quedaron en shock: todos los objetos de escritorio de la habitación estaban tirados por el suelo, de cualquier forma. Pero la aversión de Mandy por las instantáneas no terminaba aquí. Ruth explicó que aquel mismo día entró en su despacho la fotógrafa, tremendamente pálida, al parecer mientras revelaba otras fotografías pudo notar un suspiro junto a su oreja y seguidamente un objeto cayó de la estantería. Estaba aterrada.

La fotógrafa del museo no es la única que ha podido experimentar el rechazo de Mandy por las cámaras, sea por timidez o no, cada vez que se le intenta hacer una fotografía o grabarla en vídeo, quién está al otro lado de la lente, siente como si la muñeca maldita no quisiera ser inmortalizada. ¡Incluso hay quienes han experimentado errores de funcionamiento en sus dispositivos únicamente en la sala en la que ella se encuentra!

Mandy no dejaba de recibir atención por sus extraños «efectos», así que Ruth contactó con un conservador retirado de confianza, procedente de Surrey, quien tenía una gran sensibilidad con los objetos. Aseguraba poder sentir ciertas 'vibraciones' procedentes de ellos. Al tocar a Mandy aseguró que había podido 'ver' un largo historial de abusos y que había sentido muchísimo frío. ¿Estaría relacionado con alguna antigua propietaria de Mandy?

Al saber esto, Ruth volvió a contactar con la dueña de Mandy. Al parecer la muñeca había estado confinada durante años en un sótano, desde el cuál podían oírse quejidos y lloros de un bebé, algunas noches. Cuando la dueña bajaba para ver qué ocurría no había ningún bebé, sólo en ocasiones se encontraba con que la ventana estaba abierta, dejando entrar el viento. Una vez se deshizo de Mandy, nada de esto volvió a ocurrir.

Ruth no supo si dar credibilidad a la historia de los lloros, pero ¿sabes qué? Asegura que, desde que recibió a Mandy, tiene la sensación de que ahora, en el museo, es más feliz.

Eso sí, se dice que no puede compartir vitrina con otras muñecas, pues sus compañeras aparecen dañadas al día siguiente…

8

Claire

JILL ESTABA ACOSTUMBRADA A RECIBIR regalos de la señorita Marian, una querida amiga de la familia y ex maestra
de la escuela dominical de Jill. En el pasado, las mujeres
mayores se habían acercado y le habían dado a Jill pelu-
ches, figuritas y otros juguetes. Pero en este día en particular, Jill, de ocho años, recibió el regalo más memorable
hasta ahora: una muñeca de porcelana anticuada pero sin
tacha. La señorita Marian dijo que pensaba que la
muñeca se parecía a Jill cuando era más joven y que por
eso quería que la tuviera.

Aunque Jill era una marimacho que disfrutaba más
jugando con Teenage Mutant Ninja Turtles y Transfor-
mers que con muñecas, aceptó gentilmente el regalo de su
amiga y lo colocó en una mecedora de tamaño infantil
que tenía en su dormitorio. Llamó a la muñeca Claire.

Por fuera, Claire era una muñeca de aspecto normal, incluso bonita. Cabello castaño oscuro colgado abajo de su cabeza en rizos sueltos, enmarcando una tez de color crema, mejillas rosadas, labios rosados y ojos castaños oscuros. Llevaba un vestido rosa melocotón y crema adornado con un delantal y una enagua con volantes. De pie, llevaba unos zapatos Mary Jane negros extraíbles. La cabeza, los brazos, las manos y las piernas de Claire desde la rodilla para abajo eran de porcelana. Su cuerpo estaba hecho de una tela suave y rellena.

Jill pronto descubrió, sin embargo, que la agradable apariencia exterior de Claire solo estaba enmascarando una esencia más oscura. Desde el principio, Jill recordó sentirse incómoda con Claire. Jugando en su habitación con la muñeca cerca, no pudo evitar sentir que Claire la estaba mirando como un guardia de la prisión cuidaría a un preso, listo para saltar ante cualquier indicio de una infracción.

Pero fue una noche cuando Jill estaba leyendo un libro (de historias de fantasmas, irónicamente) que sucedió algo en presencia de Claire que se grabó profundamente en la mente de Jill de ocho años. En el tocador de Jill había un carrusel musical.

. . .

De repente, cobró vida, no sólo emitiendo una nota extraña de, digamos, una vibración en el piso, sino que en realidad reprodujo su canción completa mientras la figurilla del pequeño caballo se deslizaba hacia arriba y hacia abajo con la música, tal como lo haría si hubiera sido completamente. herida. Jill observó la escena ante ella con asombro, sabiendo que lo que estaba viendo era imposible.

Después de unos momentos, la música y el caballo se detuvieron tan repentinamente como habían comenzado.

Ahora, cualquier otro niño habría corrido gritando desde la habitación para encontrar a sus padres. Pero Jill había visto cosas incluso más aterradoras antes en la casa de su infancia. Una era una entidad a la que llamaba Shadow Man, un fantasma negro sin rostro que se le había aparecido muchas veces a lo largo de los años. (Y que apareció en años posteriores a la cuñada de Jill y a otros visitantes).

Cuando Jill había tratado de convencer a sus padres de la existencia de Shadow Man, no la habían creído, por lo que no pensó que la creerían. historia sobre la caja de música tampoco y por eso se la guardó para sí misma.

· · ·

Recordando el incidente más tarde cuando era adulta, Jill dijo que en ese momento no asociaría el incidente del carrusel con Claire. Ella simplemente asumió que fue causado por algún "otro espíritu" que residía en la casa.

Poco después de eso, "la voz" comenzó a suceder.

Durante varias noches intensas, Jill se despertó sobresaltada por la voz de una mujer que parecía estar a escasos centímetros de su cabeza, gritando: "¡Jill! ¡Despierta!" Jill saltaba de la cama solo para encontrar su habitación vacía. Esto no solo le pasó a Jill sino también a su hermano al final del pasillo. Finalmente, la voz de los gritos se apagó y solo les sucedió periódicamente a Jill y su hermano a medida que pasaban los años. Después de que los dos se mudaron de la casa, la mujer invisible comenzó a gritarle al padre de Jill mientras dormía y, según los informes, todavía lo hace.

Puede que no haya ninguna evidencia que vincule a Claire con "la voz", pero comenzaron a suceder otras cosas que arrojaron a la muñeca bajo una luz más problemática. Los objetos desaparecerían solo para ser encontrados más tarde en el piso frente a Claire.

. . .

Jill colocaba repetidamente una de sus pertenencias en un lugar y luego descubría que la habían movido a un lugar más cercano a Claire. Una vez se perdió un anillo y Jill lo encontró en el bolsillo de la muñeca. De vez en cuando, un aroma de perfume desconocido penetraba en el dormitorio, pero nunca se podía encontrar una fuente para el olor. Tampoco era inusual ver libros caer inexplicablemente de los estantes cerca de Claire.

Estas cosas por sí solas, aunque molestas, no eran necesariamente terroríficas. Pero una noche algo sucedió que catapultó a Claire de espeluznante a horrible. Comenzó cuando Jill se despertó con un golpeteo rítmico en su dormitorio. Se sentó aturdida y, ayudada por el inquietante resplandor de una lamparita, vio lo que estaba haciendo el ruido: la mecedora de Claire, que se balanceaba de un lado a otro por sí sola.

Ahora completamente despierta, Jill no podía apartar los ojos de Claire, aunque si lo hubiera hecho, tal vez no estaría atormentada por pesadillas hasta el día de hoy. Porque lo siguiente que sucedió fue una pesadilla en sí misma. Los pies de la muñeca se volvieron lenta y deliberadamente desde una posición señalada a una posición señalada hacia arriba. Y luego la muñeca giró la cabeza y miró directamente a Jill.

· · ·

En una especie de señal infernal, las cuatro cajas de música de Jill, se encendieron para proporcionar un caos de espeluznante ruido de fondo. Finalmente encontrando su voz, Jill gritó a sus padres. Las cajas de música se detuvieron, pero Claire seguía mirando desafiante a Jill.

Eso fue suficiente para que Jill decidiera que Claire necesitaba ser condenada. Aunque no pudo encontrar dentro de sí misma para deshacerse de la muñeca, la empaquetó en una caja y la colocó en la parte trasera de un armario de almacenamiento, donde permaneció intacta hasta que Jill estuvo bien en su edad adulta.

Jill se enteró algunos años después de que el tiempo que pasó Claire con la señorita Marian también estuvo marcado por el misterio. La señorita Marian admitió que no estaba segura de dónde venía la muñeca, lo descubrió mientras limpiaba un armario un día, y no recordaba haberlo recibido nunca de nadie. Lo exhibió en un estante y poco después comenzaron a suceder cosas extrañas en su casa. Por un lado, la muñeca no se quedó en el estante. Según los informes, se mudó solo a diferentes áreas para sentarse en toda la casa. Se podían escuchar voces y pasos incorpóreos provenientes del sótano, el humo del cigarro se materializaba de la nada y se oía que el vidrio se rompía, pero nunca se encontró nada roto.

· · ·

La señorita Marian también afirmó que a veces, por la noche, manos invisibles la metían en la cama.

No se sabe si la muñeca fue la causa de todos estos extraños fenómenos, ya que Miss Marian creía que su casa estaba embrujada de todos modos por los espíritus de las víctimas de un accidente de tren que ocurrió en 1900 y que cobró la vida de 38 personas. El terrible suceso: el tren se hundió en un arroyo crecido sucedió a menos de una milla de su casa.

En 2011, la historia de Claire llamó la atención del autor y personalidad del programa de radio Tim Weisberg, presentador de Spooky Southcoast, un popular programa al aire sobre temas paranormales. Tim estaba investigando para un libro sobre objetos encantados y le preguntó a Jill si podía realizar algunos experimentos con la muñeca. Jill estuvo de acuerdo y le envió a Claire a través de UPS, la primera vez que Claire había estado en otro lugar que no sea el fondo de un armario en 18 años.

Cuando Tim sacó a Claire por primera vez del paquete, la aguja de su detector EMF (campo electromagnético) se disparó, pero rápidamente volvió a su nivel base y no volvió a moverse en las pruebas posteriores.

. . .

Las pruebas de EVP (fenómenos de voz electrónicos) tampoco arrojaron resultados. Sin embargo, una noche Tim escuchó distintas voces masculinas y femeninas provenientes de la oficina de su casa donde había colocado a Claire. Cuando entró a investigar, las voces se detuvieron. Tim relata estos eventos y más, incluida la afinidad de Claire por subir el termostato, en su libro ahora publicado, Haunted Objects: Stories of Ghosts on Your Shelf, de la que fue coautor con Christopher Balzano.

Ya no está desterrada en un armario, Claire vive actualmente con una amiga de Jill en una casa victoriana embrujada en Atlanta. El amigo es un Houngan, un sacerdote vudú, y mantiene a Claire bajo control junto con el resto de los espíritus de su casa.

Jill no guarda rencor hacia su espeluznante compañera de la infancia, y recientemente reflexionó sobre su experiencia de una manera bastante positiva: "Claire siempre será un recuerdo especial y aterrador de mi infancia. Ella es la razón por la que creo lo que creo cuando se trata de espiritualidad y ha ayudado a moldear mis creencias religiosas ... Ella es una de las razones por las que profundizo tanto en lo paranormal. Quiero respuestas de por qué ella es lo que es".

9

Peggy

LA MUJER ESTABA ANGUSTIADA. Había estado experimentando dolores de cabeza crónicos, náuseas debilitantes y pesadillas aterradoras. Estaba invadida por una continua sensación de pavor y no podía evitar la sensación de que había una "presencia sobrenatural" en su hogar. Ella conocía la fuente de toda esta angustia y quería que desapareciera, le dijo a la investigadora paranormal Jayne Harris. Por favor, tómalo, preguntó. Por favor, llévate la muñeca.

La muñeca en cuestión era una niña grande con cabello rubio corto y ojos azules vívidos. La mujer le dijo a Jayne que no importaba en qué habitación escondiera la muñeca, todavía estaba atormentado por pesadillas y problemas de salud. Incluso había llamado a un sacerdote, pero nada de lo que hizo ayudó.

Al final de su ingenio, la mujer buscó en Google "muñecas embrujadas" y se encontró con el sitio web de Jayne. Al escuchar la increíble historia de la mujer, Jayne se sintió intrigada y accedió a llevarse la muñeca.

Eso fue en septiembre de 2014. Desde entonces, Jayne ha hecho una crónica de su investigación sobre la muñeca en su sitio web HD Paranormal Research, en su página de Facebook y en una serie de videos de YouTube. Un gran avance se produjo en marzo de 2015, cuando el médium psíquico Chris Crocker le informó a Jayne que había hecho contacto con una entidad en la muñeca después de estudiar sus imágenes. Se enteró de que el espíritu de la muñeca se llamaba Peggy. Ella había nacido en 1946 y murió de un ataque de asma. Cuando Chris le preguntó si estaba feliz, Peggy respondió que no, que estaba enojada. ¿Por qué? Chris insistió. "Christian no", fue su respuesta. Desconocido para Chris en ese momento, Jayne había recibido 21 correos electrónicos de espectadores que sugerían que quitara la cruz del cuello de la muñeca. Ellos "sintieron" que no le gustaba.

Lo que ha convertido a Peggy en una celebridad de Internet es que decenas de personas se han presentado para compartir sentimientos, sueños y eventos tangibles que han experimentado después de mirar la imagen de la muñeca o verla en un video.

Desafortunadamente, muchas de las experiencias que han descrito han sido negativas. Jayne declaró recientemente que más de 80 personas se han quejado de dolores en el pecho, dolores de cabeza y otras enfermedades después de ver a Peggy. Otros han informado que sus computadoras se congelaron, las bombillas se apagaron repentinamente o sus habitaciones se enfriaron, a veces solo con la mención de la muñeca.

Cuatro médiums psíquicos diferentes han estudiado a Peggy hasta ahora, y todos dicen que está inquieta y frustrada. También creen que había sido perseguida en su vida, y muy posiblemente fue una víctima judía del Holocausto. Si bien han llegado muchas ofertas de otros psíquicos para quitarle a Peggy de las manos de Jayne, Jayne está comprometida a continuar su trabajo con la muñeca. En todos los casos que asume, Jayne comienza como escéptica y busca primero explicaciones racionales a las supuestas actividades paranormales. Uno o dos misterios en un caso a menudo se pueden atribuir a cosas normales a través de una investigación adecuada. Pero en el caso de Peggy, Jayne es claro: "Solo sé que hay algo más".

Algo similar a lo que siguió en una sesión de péndulo que Jayne y su equipo llevaron a cabo recientemente con Peggy, durante la cual el péndulo "se volvió loco" mientras Jayne le hacía a Peggy una serie de preguntas. A la mañana siguiente, Jayne no pudo encontrar el cuaderno que había utilizado durante la sesión. Finalmente, después de buscar extensamente, lo encontró encaramado en las vigas del techo de su sótano. "Ni siquiera pude alcanzarlo", recordó. "Mi esposo tuvo que usar una escalera para conseguirlo". Jayne especuló que tal vez Peggy no quería la información obtenida durante la sesión de péndulo para salir.

El compromiso de Jayne de desentrañar los misterios de Peggy es comprensible. Como afirma en su sitio web, su equipo cree que la muñeca muestra una fuerte evidencia de actividad paranormal, y el caso continuará durante algún tiempo. Ella también compartió estos pensamientos con el autor:

"Este caso, por encima de todos los demás, parece dejarnos a mí y a mi equipo con más preguntas que respuestas, al menos en esta etapa. Cuando la gente se entera de 'muñecas embrujadas', las imágenes de películas de Hollywood suelen venir a la mente y pueden parecer alegres y cómicas. Sin embargo, lo que realmente estamos tratando aquí son casos de apego espiritual, y esto puede suceder no solo a muñecas sino a otros objetos físicos.

Espero que con el tiempo este campo de lo paranormal reciba una mayor comprensión y consideración".

Debido a los numerosos informes de enfermedad, dolores de cabeza y pesadillas que ocurren después de ver la imagen de Peggy, el autor sugiere usar discreción al mirar esta imagen. Es posible que desee decir una bendición u oración mientras lo hace. Peggy parece tener algunos problemas sin resolver, y no tiene sentido convertirse innecesariamente en parte de ellos.

10

Joliet

SEGÚN LA ACTUAL propietaria de Joliet, Anna, Joliet no es solo una muñeca antigua de aspecto destartalado de una época pasada, sino un recipiente de almas preciosas e inocentes. ¿De quién son las almas? Los de cuatro bebés varones, incluido el hijo de Anna. Según cuenta la historia, Joliet fue maldecida hace generaciones por una mujer amargada, quien, movida por los celos, le dio la muñeca a la bisabuela de Anna como regalo de embarazo. La bisabuela pronto dio a luz a un hermoso bebé, solo para experimentar la angustia de perderlo tres días después por una enfermedad repentina. Poco después de esta tragedia, la madre comenzó a escuchar los llantos de un bebé en medio de la noche y descubrió que venían de Joliet.

A pesar de lo angustioso que era esto, no tenía ninguna duda de que los gritos eran los de su hijo; creyendo que de alguna manera estaba atrapado dentro de la muñeca, no pudo soportar deshacerse de ella por temor a perder a su hijo por completo.

Joliet se transmitió a la abuela de Anna, quien sabía sobre la muerte de su hermano cuando era un bebé y la creencia de su madre de que su alma estaba atrapada dentro de la muñeca. Pero cuando su propio bebé murió inesperadamente a los tres días de nacido, se hizo evidente para la familia que no se trataba de una mera coincidencia. Fue una maldición. Como su madre, la abuela de Anna también escuchó un llanto proveniente de Joliet, pero ahora eran dos llantos distintos.

La madre de Anna experimentó la maldición exactamente de la misma manera. Tuvo dos hijos, un niño y una niña. El niño murió al tercer día de su vida. Cuando le pasaron la muñeca, Anna la aceptó con el corazón apesadumbrado. Sabía el destino que la esperaba, pero también aceptó que ahora era la cuidadora de las pequeñas almas dentro de Joliet. No podía hacerle daño a la muñeca. Lamentablemente, el guión morboso de la maldición jugó también en la vida de Anna. Su hijo agregó una cuarta voz a la cacofonía de llantos que ella escucha cada noche provenientes de Joliet. Es terrible, pero morbosamente tranquilizador, saber que los bebés todavía están con ella.

Lo peor es ver jugar a su hija y saber que algún día Joliet le pertenecerá y que la maldición continuará.

11

Emilia

EMILIA ES una muñeca tan vieja como parece. Fue un regalo del rey Umberto de Italia (que reinó desde 1878-1900) a una niña brillante y alegre llamada Marie, que era la hija del Capitán de la Guardia Real.

Desde el principio, Marie y Emilia fueron inseparables.

Marie compartió sus secretos con Emilia y abrazó a la muñeca con fuerza cuando se escondió en refugios durante las guerras mundiales. Marie afirmó que Emilia parpadeaba con frecuencia y movía los brazos por su cuenta. Un día, un hombre sentado junto a ellos en un refugio dijo que Emilia le sonrió.

· · ·

Durante la Segunda Guerra Mundial, Marie (y Emilia, por supuesto) estaban en un tren que se dirigía a Udine, Italia, cuando estalló una bomba dentro del tren. Marie escapó ilesa por poco, pero Emilia no tuvo tanta suerte.

Los brazos y el cuero cabelludo de la muñeca volaron por la explosión, y parecía algo en lo que un perro de chatarrería ni siquiera se molestaría. Pero Marie no iba a partir con su amada compañera. La muñeca no solo fue un regalo del rey, sino que una mujer que viajaba con Marie murió en la explosión mientras intentaba recuperar la muñeca. Marie nunca lo olvidaría.

En los años que siguieron, pareció que la muñeca tampoco se olvidó nunca. La gente informó haber visto tristeza en los ojos y las expresiones faciales de Emilia. Por la noche, Marie escuchó llantos y llantos provenientes de la muñeca. A veces lloraba por su mamá. Una vez le dijo palabras a Marie, pero Marie no pudo entenderlas.

Debido a que todo esto estaba sucediendo después de la explosión, la explosión que rompió la caja de voz de la muñeca, Marie no tenía ninguna duda de que la muñeca ahora estaba obsesionada por el alma de la mujer que murió en el tren.

· · ·

Años después de que terminó la guerra, Marie tuvo una hija y la llamó Emilia. Su hija se encarga ahora de la muñeca y ella también afirma oír ruidos provenientes de ella. Ruidos tristes de una muñeca triste.

12

La Isla de las Muñecas en México

SI UNA MUÑECA ES ESPELUZNANTE, entonces cientos de ellas en descomposición, mutiladas y colgadas de los árboles deben registrarse al menos como "extrañas" en la escala de rarezas. "Aterrador" si estuvieras atrapado con ellos por la noche.

Esto no es un recuento del mal sueño de alguien. Es la descripción real de un lugar en México llamado Isla de las Muñecas. Ubicada al sur de la Ciudad de México en medio de los canales de Xochimilco, esta pequeña isla deshabitada hecha por el hombre se ha convertido en una de las atracciones turísticas más extrañas de la historia.

A pesar de que implica un viaje en bote de dos horas para llegar allí, tanto turistas como lugareños hacen el viaje regularmente, no solo para ver la espantosa exhibición, sino también para rendir homenaje a los espíritus que se dice que rondan la isla.

La historia detrás de la Isla de las muñecas comienza en 1950 con un hombre celoso llamado Don Julián Santana Barrera. Por esta época, Don Julián se encargó de proclamar ruidosamente el cristianismo en las calles. Pero su predicación no solo cayó en oídos sordos, sino que lo puso en peligro, ya que muchos sintieron que no tenía ningún derecho a proclamar la religión en público y que no tenían ningún reparo en golpearlo para hacer entender su punto.

Enfrentando hostilidad y rechazo, y luchando contra el alcoholismo, Don Julián dejó a su esposa e hijos y se refugió en una pequeña isla jardín donde viviría como único ocupante y cuidador durante los siguientes 50 años.

Según la leyenda, poco después de llegar a la isla, Don Julián descubrió el cuerpo de una niña que se había ahogado en el canal. También encontró una muñeca, presumiblemente de ella, flotando cerca, que recuperó y colgó de un árbol como señal de respeto hacia el espíritu de la niña y para proteger la isla de cualquier mal futuro.

· · ·

Pero una muñeca aparentemente no fue suficiente. Angustiado por no haber podido salvar de alguna manera a la niña, y queriendo hacerla feliz en la otra vida, Don Julián comenzó a recolectar más muñecos. Pescó muñecas desechadas de los canales, y en sus raros viajes a la ciudad, rebuscó en los contenedores de basura en busca de más. A veces, cambiaba las frutas y verduras que cultivaba en casa por muñecas. No le importaba cuál era su estado: sin cabeza, sin extremidades, blanqueado por el sol, quemado, tomó absolutamente todas y las colgó donde hubiera una rama de árbol o un poste de cerca disponible. Incluso construyó un pequeño cobertizo de madera donde alojaba sus muñecos más especiales, lo consideraba un santuario.

Los rumores sobre Don Julián crecieron, por supuesto, tanto como lo hizo su macabra colección de muñecos. Algunas personas dijeron que estaba loco y que creía que sus muñecos eran niños reales. Otros dijeron haberlo escuchado decir que las muñecas cobraban vida por la noche y caminaban por la isla. El conocimiento del extraño retiro isleño de Don Julian estuvo durante décadas limitado a los residentes locales, pero eso cambió a principios de la década de 1990 cuando se trabajó para limpiar los canales de nenúfares excesivos. Pronto se supo que el ermitaño vivía en una cabaña en una isla con cientos de muñecos espeluznantes.

· · ·

Un flujo pequeño pero constante de visitantes, periodistas e incluso figuras políticas comenzaron a aventurarse a la isla a través de trajineras o góndolas mexicanas, y Don Julián les dio la bienvenida gentilmente. Explicó que creía que las muñecas alejaban a los espíritus malignos y que ayudaban a que su jardín creciera. También creía que la isla estaba encantada por el espíritu de la niña que se ahogó en el canal. Y por razones que sólo tenían sentido para él, creía que al exhibir cientos de muñecas desechadas en los árboles de la isla, podría hacer feliz el espíritu de esa niña.

En abril de 2001, el sobrino de Don Julián, Anastasio, salió a la isla para visitar a su tío y ayudarlo a plantar calabazas. Los dos se tomaron un descanso para pescar la mañana del 21 de abril, y al poco tiempo Don Julián empezó a cantar. Le dijo a su sobrino que estaba cantando para apaciguar a las sirenas, que estaban tratando de atraerlo al agua. Anastasio había escuchado a su tío divagar sobre las sirenas antes, así que sin estar particularmente preocupado, lo dejó alrededor de una hora para comenzar a plantar calabazas. Cuando regresó, encontró a su tío boca abajo en el canal. Don Julián murió en la misma agua que la niña a la que se había dedicado todos esos años.

. . .

La causa oficial de la muerte de Don Julián fue catalogada como un infarto, que se cree que lo hizo caer al canal. Desde entonces, la isla se ha convertido en una atracción turística aún mayor y ha aparecido en numerosos artículos y programas de televisión. Cuando Ghost Adventures filmó un episodio sobre la isla en 2014, el equipo experimentó una serie de fenómenos inexplicables, incluido un incendio que se inició por sí mismo, figuras oscuras dentro y fuera de la cabaña, latas en movimiento, un grito distante y, lo más inquietante, la risa repetida de una muñeca demasiado vieja para tener una laringe funcional.

La familia de Don Julián se ocupa de la isla ahora y está abierta para los visitantes los fines de semana. No se ha hecho mucho para cambiar el diseño original. La misma telaraña sucia, mohosa, rota, las muñecas esparcidas e infestadas de insectos, cuelgan donde han colgado durante décadas. Algunos que hacen el viaje traen sus propios muñecos para dejarlos como ofrenda a los espíritus. Velas, caramelos y monedas son otros obsequios habituales que quedan. Muchos visitantes informaron haber escuchado susurros fantasmales mientras caminaban entre las muñecas. El sobrino de Don Julián ha declarado que ha visto a algunas de las muñecas mover la cabeza y las extremidades. Hay una muñeca, dijo, que llora en voz alta.

13

El Payaso Inquieto

NINGÚN LIBRO sobre muñecas y muñecos embrujados estaría completo sin un capítulo sobre muñecos payasos espeluznantes. Claro, por fuera se ven todos felices y llenos de diversión, pero ¿qué se esconde realmente detrás de esas caras pintadas y grandes narices de goma?

Cuando Thomas puso a la venta su muñeco payaso en eBay, no pudo evitar tener algunos sentimientos encontrados al respecto. Él mismo era un escultor de muñecas, y originalmente compró al muñeco porque con su ojo entrenado vio mucho carácter en su rostro. Lo que pronto descubrió fue que, además del personaje, el muñeco contenía mucho de algo o alguien más. Como explicó en su lista de subastas: "Desde que tuve este muñeco payaso, empezaron a suceder cosas raras".

· · ·

Esas cosas extrañas incluían los sonidos de niños riendo y susurrando, así como pasos en espacios vacíos. Pero lo más inquietante de la muñeca era que parecía moverse por sí sola.

La primera vez que Thomas dejó el muñeco en un lugar y regresó para encontrarlo en otro, lo atribuyó a su imaginación. La segunda vez, comenzó a dudar de su memoria. ¿De verdad puso al payaso donde pensó que lo tenía?

Entonces, para probarse a sí mismo lo que realmente estaba pasando, colocó al muñeco en un rincón de su sala de estar, tomó nota de dónde estaba exactamente y la dejó allí durante tres días. Cuando regresó, el payaso se había movido aproximadamente un metro de su posición original. En este punto, Thomas estaba ansioso por descubrir más sobre los orígenes del muñeco, por lo que se puso en contacto con el hombre que se lo vendió. El hombre le dijo que había comprado al payaso de una antigua tienda. Thomas le preguntó si se había dado cuenta de algo extraño sobre el muñeco durante el tiempo que la poseyó. "¡Sí!" respondió el hombre sin dudarlo. "¡Se mueve!" El hombre continuó diciendo que su esposa le hizo poner el muñeco en el cobertizo, ya que estaba muy asustada por eso.

. . .

Thomas se sintió un poco mejor al saber que no era el único que había experimentado eventos surrealistas alrededor del muñeco. Pero ahora quedaba la pregunta, ¿qué hacer con eso? Por mucho que admirara al muñeco por su artesanía y su aspecto único, tuvo que admitir para sí mismo que no se sentía cómodo con ella en su hogar. Así que hizo lo que mucha gente en la era digital hace con los objetos encantados: los puso a la venta en eBay.

Rachel no estaba planeando comprar un muñeco encantado ese día, pero el destino tenía otros planes. Había estado leyendo historias de fantasmas en la Web cuando ingresó la palabra "encantada" en un motor de búsqueda. Una subasta de eBay surgió en los resultados, y solo le quedaban cuatro minutos para el final. Rachel hizo clic en él y leyó con creciente fascinación el relato del "muñeco payaso embrujado". Ella estaba igualmente sorprendida de que la oferta estuviera actualmente en cientos.

Habiendo crecido con amigos que vivían en una vieja casa encantada en un pequeño pueblo de Washington, Rachel había desarrollado un interés temprano por lo paranormal. Tenía que admitir que sería genial tener un muñeco genuinamente encantado. Cuanto más miraba la foto del muñeco payaso de aspecto inusual, más sintió una loca compulsión luchando por salir a la superficie.

Salió a la superficie y Rachel hizo una oferta. Momentos después recibió la notificación de que había ganado la subasta por unos quinientos dólares.

Rachel de repente se sintió nerviosa. ¿De verdad quería que ese muñeco viniera directamente a la casa? Pensando, tal vez no de inmediato, obtuvo un apartado postal y le pidió a Thomas que enviara la muñeca allí. Cuando su paquete llegó varios días después, Rachel lo abrió tentativamente, pero pronto se relajó cuando el muñeco de paja con la gran cabeza de goma y nariz redonda no mostró interés en saltar, atacar o charlar con ella con una voz profunda y diabólica. Lo trajo a casa y lo nombró Vincent Hitchcock, después de los dos iconos legendarios del cine de terror, Vincent Price y Alfred Hitchcock.

Cuando Rachel trajo a Vincent a casa por primera vez, lo colocó en un rincón de un dormitorio de invitados. No sucedió nada extraño en los días que siguieron, y Rachel comenzó a preguntarse si tal vez se había comprado un muñeco viejo y corriente.

Luego, un día, varias semanas después, entró en el dormitorio para agarrar una canasta de ropa sucia y fue recibida por una vista inesperada.

. . .

Apoyado frente a la canasta estaba Vincent, mirando a Rachel con los ojos muy abiertos como si la hubiera estado esperando. Su primera reacción fue acusar a su novio y a su hija adolescente de mover al muñeco, pero ambos lo negaron con vehemencia. Sin otra explicación, Rachel estaba un poco asustada, pero también, en secreto, un poco emocionada. Quizás el muñeco estaba encantado. ¿No es eso lo que ella quería?

Ansiosa ahora por monitorear las actividades del muñeco, Rachel sacó a Vincent de la habitación de invitados y le dio su propio "lugar de honor" en una parte más visible de la casa donde toda la familia podría vigilarlo. Según Rachel, Vincent se mudó solo varias veces más desde ese primer incidente. Y una vez, la familia lo encontró con el brazo levantado en el aire.

Vincent mostró otro lado de sí mismo durante múltiples sesiones cuando Rachel dejó el equipo de grabación de audio a su lado en una habitación que de otro modo estaría vacía. Los sonidos capturados, que durante un tiempo Rachel tuvo disponible en su ahora desaparecido sitio web, reveló una voz masculina grave que decía en ocasiones separadas: "Deshazte de eso", "Corre" y "Te amo" o "Te dejé". Pero el EVP más perturbador y claro fue un comando fuerte: "¡Despierta!"

· · ·

Cuando la hija de Rachel escuchó la reproducción, se puso blanca y le dijo a su madre que esa misma voz la había despertado la noche anterior.

Al momento de escribir estas líneas, se desconoce si Vincent todavía está con Rachel. Es probable que lo sea, ya que Rachel le dijo a un periodista que siente que Vincent tiene un aura infantil a su alrededor que sugiere que el espíritu de un niño reside en él, o un espíritu con una naturaleza infantil. No hay nada que temer. ¿Y si él de vez en cuando da un paseo inesperado por la casa? Es algo a lo que te acostumbrarás.

14

El Payaso Espeluznante del Sofá

A DIFERENCIA de Rachel en nuestra historia anterior, Becky Smith nunca recibiría a un payaso de ningún tipo en su casa. No es que le tema a lo sobrenatural; es una psíquica sensible y ha experimentado muchos fenómenos extraños en su vida. Pero le teme a los payasos en exceso. Durante más de veinte años había estado albergando un recuerdo aterrador que finalmente les contó a los lectores de True Ghost Tales en 2010. Relatar su historia fue terapéutico en un sentido y aterrador en otro.

Cuando Becky estaba en su adolescencia, ella, su hermana, su hermano y su madre pasaron varios meses viviendo con sus abuelos en Nuevo México mientras su padre estaba en el ejército. Un día, el hermano de su madre y su esposa, Debby, llegaron para una visita de una semana.

Debby estaba ansiosa por mostrarles a las niñas el regalo que acababa de recibir de su tío Robert: un muñeco payaso.

Becky no sólo no compartía el amor de su tía por las muñecas, sino que también le tenía miedo a los payasos. No hace falta decir que esta nueva invitada no la impresionó mucho. Además, tenía unos ojos azules tan realistas que la ponía nerviosa mirarlo por mucho tiempo. La cara pintada del muñeco estaba hecha de porcelana, al igual que sus manos y pies. Con solo seis pulgadas de alto, se sentó con las piernas estiradas mientras sostenía una pequeña caja sorpresa en su regazo. Después de hacer la esperada conversación cortés sobre el muñeco, Becky se fue a la cama y no pensó más en eso.

Al día siguiente, cuando Becky y su hermana llegaron a casa de la escuela, lo primero que vieron fue al muñeco, mirándolas mientras entraban por la puerta. Aparentemente, la tía Debby lo había dejado en el sofá antes de que ella y el tío Robert salieran a pasar el día. El payaso parecía tener una mirada expectante en su rostro, como si estuviera esperando a alguien. Las hermanas se miraron "lo que sea" y corrieron a su habitación para cambiarse la ropa de la escuela. Pero primero, Becky puso al muñeco boca abajo en la pila de almohadas del sofá. Realmente no le gustaba que ese payaso la mirara.

Después de cambiarse de ropa, las chicas regresaron a la sala de estar y se detuvieron en seco. El payaso estaba sentado de nuevo erguido en el sofá, esta vez de cara al pasillo por el que acababan de llegar. La única otra persona en la casa era su abuela, y sabían que todavía estaba en su habitación en la parte trasera de la casa.

Becky se volteó hacia su hermana y dijo: "No me gusta esta cosa". Su hermana solo pudo asentir con la cabeza. Becky agarró al muñeco, con la intención de empujarlo hacia las almohadas del sofá, y estuvo a punto de dejarla caer cuando sintió el frío que hacía. Era como si acabara de sacarlo de un congelador y estuviera congelado.

Durante los días siguientes, parecía que el muñeco seguía a las niñas. O tal vez sería mejor decir que anticipó dónde iban a estar y llegó allí primero. No importa en qué habitación fueran, su dormitorio, la sala de estar, el comedor, la cocina, estaba allí con sus ojos expectantes y su sonrisa cómplice. Un día, Becky incluso lo encontró encima del piano cuando llegó el momento de practicar. Pensando que su hermano estaba detrás de las payasadas de la muñeca, Becky se quejó con su madre, pero cuando la presionaron, su hermano juró que ni siquiera había visto al muñeco.

· · ·

La tía de Becky se mostró sorprendentemente indiferente ante los informes de que su muñeco payaso se movía por su cuenta. Había muchas personas y mascotas (perros) viviendo bajo un mismo techo, ofreció como explicación.

Obviamente, alguien estaba moviendo su muñequito, ya fuera de dos o cuatro pies. Sin embargo, Becky no lo dejaría caer. Le rogó a su tía que guardara al muñeco durante su estadía, usando su conocida fobia a los payasos como motivación. Debby estuvo de acuerdo y cerró la cremallera del muñeco en una maleta mientras Becky miraba. El alivio de Becky fue inmediato y palpable. Desafortunadamente, no duraría mucho.

Esa noche Becky se despertó alrededor de las 2 a.m. Tenía sed y se levantó para tomar un trago de agua de la cocina. Debido a que su abuela le tenía miedo a la oscuridad y usaba muchas luces de noche, la casa no estaba completamente a oscuras. Becky pasó por la puerta de la habitación del frente y de repente se detuvo asombrada.

Al principio no estaba segura de lo que estaba viendo, pensando que tal vez las extrañas sombras de la tenue iluminación le estaban provocando trucos en los ojos.

· · ·

Porque allí, frente a ella, sentado erguido en el sofá como si fuera la cosa más natural del mundo, estaba el payaso.

Tentativamente dio un paso adelante y se sorprendió aún más por el frío escalofriante que llenaba la habitación. Y entonces sucedió lo imposible: el payaso puso los ojos en blanco para mirar directamente a Becky. Luego siguió con la cabeza.

Becky quería gritar, pero físicamente era incapaz de emitir un sonido. Todo lo que ella pudo hacer fue llegar profundamente a sus raíces bautistas y orar. Creyendo que el muñeco contenía un espíritu maligno, de alguna manera encontró su voz y ordenó que se fuera lo que fuera que hubiera en al muñeco payaso. Luego se acercó al sofá, actuando más valiente de lo que se sentía, y encendió una lámpara. Mientras la luz bañaba el rostro del payaso, Becky miró con incredulidad mientras abría la boca con una sonrisa llena de dientes y movía la cabeza de un lado a otro como si le dijera "no". Becky recordó haber perdido la noción del tiempo mientras ella y el muñeco se miraban el uno al otro en el juego más loco de "no parpadees".

Finalmente, Becky rompió el contacto y se frotó los ojos.

. . .

Los abrió y cerró varias veces, cada vez esperando que la espantosa que tenía delante se desvanecería y que estaba simplemente en medio de una pesadilla de sonambulismo.

Pero cada vez que abría los ojos, el payaso seguía allí, atravesándola con su gélida mirada azul. Es solo un sueño, pensó. Tiene que ser. Se obligó a seguir hasta la cocina por su vaso de agua. Luego se apresuró a cruzar la habitación del frente sin mirar ni una sola vez el sofá.

A la mañana siguiente, cuando se despertó, lo primero que vio Becky fue el vaso de agua en su mesita de noche. Entonces supo, con una sensación de pavor, que los eventos de la noche anterior no habían sido un sueño. Se dirigió directamente a la sala de estar y, efectivamente, allí estaba el muñeco, todavía sentado en el sofá y todavía bañado por la luz de la lámpara que Becky había encendido unas horas antes. Ya no sonreía con la boca abierta, pero su cabeza estaba vuelta hacia el dormitorio de Becky, como si la hubiera visto volver a la cama.

Debido a que nadie le había creído a ella ni a su hermana en el pasado sobre el muñeco, Becky no le contó a ninguno de los adultos lo que había sucedido.

· · ·

El tío Robert y la tía Debby se fueron un par de días después, llevándose a su espeluznante compañero con ellos. Hasta el día de hoy, unos veinte años después, Becky y su hermana todavía se sienten incómodas hablando de esa semana con el muñeco. Curiosamente, ha escuchado de varios miembros de la familia a lo largo de los años que no importa a dónde se muden su tío y su tía, el payaso siempre terminaba en el sofá.

15

Los payasos de tus pesadillas

A SARAH le encantaba su colección de muñecos payasos. Tanto es así que tenía una habitación entera reservada en su casa solo para ellos. Devota de los payasos desde su primer viaje al circo cuando era niña, Sarah había acumulado docenas de muñecas de todas las formas y tamaños imaginables. Algunas eran obvias ediciones de coleccionista, mientras que otras eran simplemente juguetes viejos para niños. La mayoría tenía expresiones faciales felices y algunos tenían caras tristes o sorprendidas. Todos eran encantadores a su manera.

Todos excepto los dos más nuevos. Los dos que se movían por su cuenta.

. . .

Sarah había comprado estos dos muñecos payasos, un niño y una niña, a un anticuario unos dos meses antes. Formaban parte de un conjunto de edición limitada de cinco muñecas. Sarah no podía creer su suerte y estaba encantada de agregarlos a su colección. Cuando los trajo a casa, los colocó en un estante para libros en un espacio dedicado solo para ellos. Se veían muy bien allí entre todos los demás payasos, pensó Sarah con satisfacción.

Pero, ¿por qué de repente la casa está tan fría?

El frío en la casa continuaba sin cesar, lo que Sarah no podía entender, ya que siempre había sido cálido, brillante y alegre. Luego, unos días después, comenzaron a ocurrir otras cosas extrañas. Sarah escuchó susurros, como algo moviéndose, que no podía atribuir a ninguna fuente. Por la noche, en la cama, escuchó golpes dentro de las paredes. Comenzaba en un lugar y luego recorría toda la habitación. Las luces se encenderían y apagarían solas. Pero lo más perturbador fue cuando entró en su cuarto de muñecas y descubrió que sus dos muñecos payasos más nuevos no estaban donde se suponía que debían estar.

Las primeras veces que sucedió esto, Sarah asumió que los movió distraídamente después de limpiarlos.

La parte racional de su mente le dijo que tenía que ser ella; después de todo, nadie más vivía en la casa. Pero luego ella comenzó a tener pesadillas en las que estaba siendo perseguida por monstruos sombríos que se transformaron en payasos de aspecto malvado y con labios rojos brillantes que se separaron para mostrar hileras de dientes afilados y puntiagudos. Las pesadillas aumentaron en frecuencia hasta que las tuvo todas las noches.

Las pesadillas no eran las únicas cosas que aumentaban con frecuencia. También lo hicieron los sonidos extraños, las luces encendidas y apagadas y las muñecas moviéndose solas. Alcanzó un punto máximo cuando una noche Sarah se despertó de una pesadilla particularmente intensa y no pudo evitar la sensación de que había una energía anormal en el aire. Se levantó y caminó tentativamente por el pasillo hasta el pequeño estudio que albergaba sus muñecas. Ella sabía antes de encender la luz lo que vería, y efectivamente, tenía razón: las dos muñecas nuevas se habían movido de nuevo. Esta vez, el niño payaso yacía en un rincón de la habitación, muy lejos de su posición original. La otra, la niña payaso, estaba recostada sobre las cabezas de otras dos muñecas. Sarah sintió náuseas y decidió en ese instante que buscaría ayuda al día siguiente.

. . .

La ayuda que recibió Sarah provino del investigador paranormal y demonólogo John Zaffis. Y el relato de Sarah y sus aterradoras muñecas payaso se cuenta con más detalle en uno de los libros de Zaffis Haunted. Sarah había obtenido el nombre de John de un conocido y, después de llamarlo por la mañana, pudo concertar una cita con él para esa noche.

Cuando John llegó a la casa de Sarah, escuchó mientras ella explicaba todo lo que había estado sucediendo desde que trajeron las dos muñecas payaso a casa. Luego examinó las muñecas él mismo. John podía decir por sus muchos años de experiencia que las muñecas tenían un problema espiritual. Otra pista fue la sombra oscura que vio por el rabillo del ojo deslizándose rápidamente por la habitación cuando recogió las muñecas. Le aseguró a Sarah que se podía hacer algo con las muñecas, pero primero quería hablar con el anticuario al que Sarah se las había comprado. Cuanta más información tuviera, mejor. Se fue, no sin antes poner las muñecas en el garaje.

John se enteró por el dueño de la tienda que las otras tres muñecas del set habían sido compradas desde que Sarah compró la suya. Dos de las muñecas fueron para una mujer y la tercera muñeca para otra. El propietario se negó a dar a John sus nombres o el nombre del propietario original.

Sin embargo, agregó que odiaba tener esas muñecas en la tienda y nunca volvería a aceptar payasos. Le dieron una sensación inquietante y "escalofriante".

Habiéndose confirmado sus sospechas sobre las muñecas, John regresó a la casa de Sarah al día siguiente para ocuparse de las dos pequeñas plagas. Le alegró oír, pero no le sorprendió, que Sarah no había tenido ningún problema desde que puso a los payasos en el garaje. La atmósfera en la casa también había cambiado, dijo.

Volvió a la normalidad: de nuevo todo tranquilo y pacífico. John luego explicó que la energía espiritual definitivamente se había adherido a sus muñecas. Podría haber venido del fuerte vínculo emocional que el dueño anterior tenía hacia ellos, o podría ser que un espíritu "errante" se unió a las muñecas y comenzó a "actuar" cuando las circunstancias eran las adecuadas.

En este caso, ser agregado a la colección de Sarah quizás activó el espíritu, y se hizo más fuerte y más problemático a medida que se alimentaba del miedo que Sarah proyectaba cada vez más.

. . .

Aunque John estaba seguro de que ningún espíritu se había apegado a Sara, todavía le aconsejó que un ministro o una persona espiritual bendijera y limpiara la casa para cuidarla de cualquier energía residual que pueda permanecer. En cuanto a los payasos, John los llevó de regreso a su casa, realizó rituales de limpieza y encuadernación sobre ellos, y finalmente los colocó en su Museo de lo Paranormal, donde hacen compañía a muchas otras muñecas "problemáticas" que John ha confiscado a lo largo de los años por el trabajo en el reino paranormal.

Si ese fuera el final de la historia, sería suficiente para evitar que cualquier persona cuerda comprara un muñeco payaso antiguo. Pero hay más. Poco después de que John se hiciera cargo de las muñecas de Sarah, recibió una llamada de la mujer que había comprado dos de los otros payasos en la misma tienda. Rhonda le dijo a John que también había estado experimentando eventos extraños desde que compró las muñecas, pero su cuento fue incluso más aterrador que el de Sarah. Además de las horribles pesadillas, veía sombras revoloteando por su casa, derribaban objetos y escuchaba ruidos inexplicables a todas horas. Pero eran las propias muñecas las que la estaban haciendo entrar en pánico. No solo limitaron sus movimientos a una habitación como la de Sarah, ¡se movieron por toda la casa!

. . .

Rhonda volvía a casa para encontrar uno en su despensa, uno en su baño y uno incluso apoyado en su cama. Trató de tirarlos a la basura, pero de alguna manera regresaron a la casa. En ese momento, Rhonda tenía demasiado miedo de intentar algo más con ellos, por lo que se puso en contacto con John.

John se acercó tan pronto como pudo y realizó un ritual de limpieza y encuadernación de las muñecas allí mismo, en la propiedad de Rhonda. Se estaba preparando para llevarlos al museo cuando Rhonda dio un giro inesperado y dijo que quería recuperar las muñecas. Después de todo, ahora estaban bien, ¿verdad? ¿No más fantasmas o duendes con los que lidiar? John trató de advertirle que no era buena idea quedárselos. La vinculación podría verse comprometida si se manipulan o alteran de alguna manera. Sin embargo, Rhonda no se movió. Ella mantendría las muñecas a salvo, le aseguró. Y así fue. John no ha recibido respuesta de ella, ni una llamada, ni un mensaje, nada.

¿En cuanto al último muñeco payaso de la tienda de antigüedades? El comprador de esa muñeca también se puso en contacto con John, diciéndole que sentía que había una "presencia maligna" adjunta.

. . .

Constantemente veía sombras moviéndose por la casa y escuchaba extraños golpes dentro de las paredes. John hizo una cita para verla, pero antes de que llegara ese día, un paquete llegó a su puerta. Era el quinto muñeco payaso con una nota adjunta que en términos inequívocos dejaba en claro que el dueño no quería tener nada que ver con ese muñeco nunca más. Ni siquiera quería que John viniera a la casa por temor a que "agitara las cosas".

Después de lidiar con todas las muñecas payaso de la tienda de antigüedades, John ahora cree que toda la colección se había utilizado en un ritual oculto y que se había convocado a los espíritus para alojarse en las muñecas. El propósito de hacer eso sigue siendo un misterio.

16

La Peruana

GRACIAS A UNA CADENA de televisión la historia de esta muñeca llamada "Peruana" se hizo famosa. Dicha muñeca llegó a la casa de esta familia por parte de Ivonne que habita con su esposo y sus dos hijos, Andrea de 14 años y Emilio de 16, una sobrina le regaló la muñeca hace 7 años.

Un día empezaron a pasar cosas extrañas con la muñeca las cuales Ivonne comenzó a notar. Una de esas fue que sus hijos empezaron a dejar de descansar con la presencia de esa muñeca, hay días en los que ni siquiera pueden dormir. El segundo suceso que notaron fue que la muñeca se movía del lugar donde se suponía la habían puesto, de repente aparecía en la mesa sentada o acostada en alguno de los dormitorios.

. . .

Igualmente empezaron a escuchar ruidos extraños, tales como golpes en los armarios, se escuchaba que alguien azotaba la puerta o los pasos de alguien caminando por el pasillo.

La familia decidió buscar a una médium para investigar y poder entender qué estaba pasando. Ya que las últimas veces que sentían la presencia de alguien, mientras dormían, Emilio sintió que alguien le apretaba el pecho, por lo que sin razón alguna le empezó a doler, algo que le empezó a preocupar a Ivonne.

La médium en cuanto llegó a la casa, sintió la presencia de un espíritu y comprobó que venía de la muñeca.

Empezó a recorrer toda la casa, a bendecirla con agua bendita y a orar por la familia para que este espíritu los dejara en paz.

La médium le explicó a la familia que en la muñeca vivía un espíritu maligno y que lo que buscaba era con su energía hacerle daño a sus hijos para después poder poseerlos, esa es su meta final.

. . .

Ivonne después de escuchar lo que la médium le había dicho decidió que lo mejor era que la muñeca se fuera de la casa, así que la médium se la llevó. Hoy en día la tiene bien guardada en uno de los cuartos de su casa y diario sigue rezando para que el espíritu que habita en la muñeca salga de ella. La familia ahora vive más tranquila y desde que la muñeca ya no está con ellos, no han vuelto a pasar sucesos extraños en su casa.

17

Comercio de muñecas embrujadas

COMO HEMOS VISTO, no tienes que esperar para encontrar tu propia muñeca demoníaca escondida en el ático o hasta que el excéntrico vecino de la cuadra te dé su bebé Betsy de 100 años, a quien, por cierto, le gusta jugar al escondite por la noche y quién se burla de que te va a matar pero es tan linda la forma en que lo dice que parece que no está diciendo nada malo.

No, ahora puedes simplemente conectarte a Internet y comprar un pequeño juguete poseído / embrujado / maldito / apegado al espíritu cada vez que te apetezca (que con suerte es solo después de ingerir grandes cantidades de alcohol). Simplemente mueva el cursor al ícono de eBay en su computadora y, si tiene suerte, es posible que pueda enganchar una muñeca Haunted Hank por un precio endiabladamente bueno, y el envío gratis incluido.

A continuación veremos historias de algunas otras muñecas de subastas que, según los informes, les han dado a sus dueños un poco más de lo que esperaban.

Amanda

Amanda es una muñeca con cabeza bisque que se cree que fue creada por el fabricante de muñecas alemán Heinrich Handwerck a finales del siglo XIX. Amanda apareció por primera vez en eBay en 2003. Más tarde ese año, su nuevo dueño la volvió a poner en eBay, quien afirmó que la muñeca estaba haciendo que sucedieran cosas extrañas. Tal como moverse del lugar donde la tenían, mirar fijamente a los ojos, incluso había veces en las que su dueño creía escuchar a alguien hablando en medio de la noche. Desde entonces, Amanda ha sido subastada muchas veces, y cada propietario consecutivo afirma básicamente lo mismo: la muñeca causó estragos en sus vidas.

Una mujer escribió que se obsesionó con Amanda y no podía dejar de pensar en ella. Llegó al punto en que creyó que ella y la muñeca estaban compartiendo pensamientos telepáticamente, incluso se podría decir que eran como almas gemelas. Amanda también invadió sus sueños.

. . .

Una noche, la mujer tuvo la horrible sensación de que la estaban "arrastrando" al sueño de Amanda. Se despertó con los pies helados y se sorprendió al ver que estaban azules y cubiertos de arañazos. Comenzó a llamar a una ambulancia cuando, de repente, sus pies volvieron a parecer normales. Miró a Amanda, que estaba sentada cerca, y juró que la muñeca le mostró una sonrisa diabólica.

Otros propietarios anteriores han afirmado que Amanda se mudó por su cuenta, rompió objetos en sus hogares, y trajo mala suerte a sus vidas. La muñeca ahora reside con investigadores paranormales en Atlanta, Georgia, donde a menudo se la oye rascar la caja de vidrio en la que está alojada. Dicen que Amanda solo espera el momento para poder salir y seguir haciendo lo que tanto le gustaba.

Bebé

Bebé es una hermosa muñeca pelirroja de mediados de la década de 1970. Hace unos años, se convirtió en parte de una familia de 25 muñecas encantadas cuando la coleccionista Janice Poole la compró en eBay. Janice, investigadora paranormal y coleccionista de muñecas, admitió que su hogar en el sur de California era perfectamente normal hasta que las muñecas se mudaron.

Entonces todo tipo de fenómenos extraños comenzaron a suceder. Pero de todas sus muñecas, dijo Janice, Bebé es la que tiene más actividad de todas.

Tan pronto como Janice llevó a Bebé a su casa, la atmósfera cambió y la extraña actividad se intensificó. Janice sentía con mucha frecuencia como si la estuvieran observando. Las puertas se cerraban por sí solas, las ventanas se cerraban de la nada, se oían risas provenientes de habitaciones vacías y objetos tales como llaves que se desplazaban. Una noche, Janice sintió que algo pasaba junto a sus pies, pero no podía ver qué era. En ese momento decidió bendecir su casa.

La bendición calmó las cosas por un tiempo, pero luego, después de un par de meses, los disturbios se reanudaron con toda su fuerza. Una noche, Janice escuchó un ruido ensordecedor proveniente del ático. Cuando subió a investigar, cayó en un estado de ensueño y tuvo la visión de un hombre alto entrando en una habitación y susurrando enojado a alguien dentro. A continuación se escuchó el grito de una niña, seguido de un silencio abrupto. La visión cortó al interior de la habitación, donde se mostraba el cuerpo sin vida de la niña tirado en el suelo, con una muñeca pelirroja agarrada en su mano.

.   .   .

ese momento, Janice se despertó repentinamente y estaba aterrorizada al ver que algo pasaba junto a ella por el rabillo del ojo. Cuando volvió la cabeza, vio a Bebé, la misma muñeca que estaba en su sueño.

Janice ahora está convencida de que su "sueño" contaba la historia del asesinato de una niña y que la niña misma persigue a la muñeca Bebé. Ella es decidida, con la ayuda de la muñeca, a averiguar qué sucedió realmente y quizás a traer paz a un alma muy atribulada.

El muñeco vudú

En 2004, una mujer de Galveston, Texas, compró un auténtico muñeco vudú de Nueva Orleans en eBay. El muñeco vudú fue descrito como encantado, muy activo y "casi vivo", y llevaba la advertencia de que debía permanecer atado y encerrado en su pequeño ataúd de metal.

Pero debido a que la mujer estaba interesada en investigar las actividades paranormales del muñeco para un libro que estaba escribiendo, pasó por alto esta advertencia y tomó al muñeco para poder verla. Inmediatamente lamentó esa decisión.

.   .   .

El muñeco la atacó repetidamente, dejándole cortes y moretones visibles en piernas y tobillos. Segura más allá de toda duda de que el muñeco estaba embrujado, si esa era la palabra correcta, la mujer volvió a guardarlo y amarrarlo en su caja, esperando que no la volviera atacar ni a lastimar. Pero luego el muñeco vudu la atacó en sus sueños y la dejó exhausta noche tras noche de horribles pesadillas. Intentó quemarlo, pero no se quemó. Trató de cortarlo, pero su cuchillo y sus tijeras se rompieron en el intento. Finalmente, lo enterró en un cementerio, pero aparentemente no fue lo suficientemente profundo, ya que al día siguiente apareció en su escalón de entrada, un poco sucio por la tierra, inclusive parecía cansado, pero nada fuera de lo normal.

Temiendo que se estuviera quedando sin opciones, la mujer volvió a poner al muñeco vudú en eBay. Se vendió y ella lo envió de inmediato. Poco después, el comprador la contactó y le dijo que el muñeco había desaparecido.

Sospechando lo peor, la mujer miró por la puerta principal y, efectivamente, el muñeco estaba de regreso. Se lo envió de nuevo al comprador, quien esta vez le dijo que no había recibido más que una caja vacía. Por tercera vez, el muñeco encontró su camino de regreso a la casa de la mujer, apareciendo una vez más en su escalón de entrada.

En este punto, la mujer intentó ponerse en contacto con el vendedor de eBay de quien obtuvo el muñeco. Sus correos electrónicos quedaron sin respuesta, la mujer supuso que quién se la vendió pasó por lo mismo que ella y con mucha razón jamás respondió sus correos. Luego intentó devolverlo al vendedor en Nueva Orleans. El paquete le fue devuelto con un aviso adjunto que el residente de ese domicilio había fallecido. Se acercó a grupos paranormales locales, pero le dijeron que no podían ayudarla o no le respondieron en absoluto. Finalmente, en Halloween de 2006, logró contar su historia en un programa de radio local. Varias personas que llamaron al programa sugirieron que la mujer buscará ayuda de un sacerdote.

La mujer llamó a un sacerdote, que salió y bendijo la caja de plata antigua que contenía el muñeco. También dijo una oración vinculante para mantener el espíritu encerrado de forma segura dentro de la caja. Estas acciones parecieron funcionar, y el muñeco fue posteriormente escondido en lo más profundo del ático de la mujer y desde ese momento no volvió a haber ningún problema.

Dos años después, en 2008, la mujer le dio el muñeco a Lisa Lee Harp Waugh, una investigadora paranormal del área de Houston, nigromante profesional y practicante de vudú.

La muñeca no ha vuelto a la mujer a la que aterrorizó durante todos esos años, por lo que se supone que está feliz en su nuevo hogar y con su nueva dueña.

18

Cuadros y objetos embrujados

COMO HEMOS VISTO a lo largo de este libro existe una buena cantidad de muñecos endemoniados, y muchas de esas historias se han hecho famosas a través de los años.

Pero en este último capítulo hablaré de los objetos y de los cuadros que han sido embrujados y la razón por la cual las personas les tienen miedo.

Seguramente has oído hablar de algunos de estos objetos, y eso se debe a que muchos de ellos no son tan antiguos, o quizá porque sus historias se han contado por cientos de años, unos incluso se volvieron tan famosos que hay películas centradas en sus historias.

. . .

El cuadro embrujado de Ebay

En el año 2000, un vendedor anónimo de eBay puso en venta un cuadro llamado "Las manos se resisten". El artista es Bill Stoneham, y este cuadro está considerado en la actualidad como una de las obras de arte más embrujadas del mundo.

El cuadro presenta a un niño de aspecto bastante aterrador y a un espeluznante muñeco de tamaño natural de pie frente a una puerta de cristal. Nadie sabe a qué conduce esta puerta, si a la fachada de una tienda o a una casa. Fue pintada en 1972 y adquirida por John Marley, un actor de Hollywood. Más tarde fue propiedad de una pareja californiana antes de salir a la venta en eBay junto con una advertencia muy severa sobre los problemas que conlleva su posesión.

Según la pareja, las figuras del cuadro se movían por la noche y a veces desaparecían por completo del lienzo. Se dice que el niño del cuadro entraba en la habitación donde estaba colgado, y todos los que lo veían decían sentirse enfermos y débiles. Los niños pequeños echaban un vistazo al cuadro y salían corriendo de la habitación gritando.

· · ·

Los adultos a veces tenían la sensación de que unas manos invisibles les agarraban, y otros decían que sentían una ráfaga de aire caliente, como si hubieran abierto un horno.

Incluso los que vieron el cuadro por Internet afirmaron tener una sensación de inquietud, temor o terror al mirarlo. Una persona llegó a afirmar que su flamante impresora se negaba a imprimir la foto del cuadro, aunque funcionaba bien en todas las demás impresiones.

El cuadro fue adquirido por una galería de arte de Grand Rapids, MI. Cuando la galería habló con el artista que lo había creado, se sorprendió al oír que su obra estaba en el centro de una investigación paranormal, pero mencionó que dos personas que originalmente expusieron y revisaron el cuadro había muerto en el plazo de un año después de ver "Las manos se resisten".

La silla maldita de la muerte

El Museo de Thirsk, en Yorkshire del Norte, alberga la infame silla de Thomas Busby. Thomas Busby, un acuñador y borracho, asesinó a su suegro Daniel Auty en 1702 enfrente de su hija.

Esta era su silla favorita en la taberna. Fue detenido, juzgado y condenado a morir en la horca. Iba de camino a la horca cuando lanzó una maldición sobre la silla, afirmando que cualquiera que se sentara en ella moriría pronto.

La silla cuelga de una pared, a unos cinco o seis pies de altura, para evitar que alguien se siente en ella. La leyenda dice que la silla está maldita y que cualquiera que se atreva a sentarse en ella tendrá un final prematuro.

La silla permaneció en una taberna durante siglos, y la gente en ese entonces se atrevía a sentarse en ella. Durante la Segunda Guerra Mundial, los aviadores de una base cercana convirtieron el pub en un punto caliente, y la gente se dio cuenta que los que se sentaban en esa silla nunca volvían de la guerra.

En 1967, dos pilotos de la Real Fuerza Aérea se sentaron en ella y, mientras regresaban, se estrellaron contra un árbol y murieron. Unos años más tarde, dos albañiles decidieron probarla, y esa tarde, el albañil que se sentó en ella cayó al vacío al trabajar en una obra.

· · ·

Al parecer, la silla maldita ha matado a todas las personas que se han sentado en ella, pase lo que pase. Algunos casos incluyen a un techador que se sentó en ella y murió después de que el techo en el que trabajaba se derrumbara, y una mujer de la limpieza se tropezó con ella mientras fregaba, y más tarde murió por un tumor cerebral.

El niño que llora

Se han encontrado innumerables copias de este cuadro sin daños entre los restos de incendios de casas en todo el mundo. Se dice que la imagen del niño que llora está maldita y quemará cualquier casa en la que se encuentre. En 1988 se produjo un terrible incendio en una casa de Heswall (Reino Unido). Entre los restos, los bomberos encontraron un cuadro de un niño llorando completamente conservado, ni siquiera chamuscado. Poco después, en Bradford, se encontró otro cuadro de un niño llorando en perfecto estado en circunstancias similares.

¿Quién es el niño del cuadro? Se cree que fue pintado por el artista Bruno Amadio, también conocido como Bragolin. Huyó a España poco después del final de la Segunda Guerra Mundial. Allí conoció a un niño llamado Don Bonillo, un huérfano mudo que había visto morir a sus padres en un incendio durante la guerra.

Amadio no tardó en adoptar al niño, aunque un sacerdote local le advirtió que no lo hiciera, ya que el niño era el centro de muchos incendios misteriosos que se producían allá donde iba. El niño era conocido localmente como el niño del diablo. Amadio se negó a creer esas historias, y a la nueva familia le fue bien, los cuadros de Amadio se vendían bien y los dos vivían con tranquilidad.

Por desgracia, un día Amadio se encontró con que su casa y su estudio se habían quemado. Recordando las advertencias del sacerdote, inmediatamente culpó a Don y lo echó de la familia. No se volvió a saber de Don Bonillo hasta 1976, y en torno a otro extraño suceso. En las afueras de Barcelona, un coche se estrelló contra un muro y estalló en llamas. El conductor murió y quedó tan horrorosamente quemado que no pudo ser identificado. Sin embargo, al volver a la policía, se abrió la guantera. Allí, entre los objetos quemados, había una licencia de conducir intacta. El nombre de la licencia era Don Bonillo.

El vestido de novia embrujado

Un vestido de novia en el museo de la mansión Baker se dice que está embrujado por la hija del hombre que fue dueño de esta casa. Elias Baker construyó la Mansión Baker en 1849. Era un hombre muy orgulloso y poderoso y controlaba a toda su familia a través del miedo.

Cuando su hija Anna se enamoró de un obrero siderúrgico local, Elias le dijo que tenía prohibido casarse con él porque era pobre. Anna ya tenía su vestido de novia, pero con el corazón roto nunca llegó a casarse y murió con el corazón encogido por su amor perdido, y tan apenada que nunca fue capaz de perdonar a su padre. Se cree que Anna estaba decidida a reclamar su vestido después de la muerte llevándolo en la eternidad.

Cuando la mansión Baker se convirtió en un museo, el vestido de novia se expuso en la antigua habitación de Anna. Con el paso de los años, el vestido de novia se ha ganado la reputación de estar embrujado. Numerosos visitantes afirman haber visto el vestido de novia moverse dentro de su vitrina. Se dice que durante la luna llena el vestido se agita violentamente en la vitrina, amenazando a veces con romperla.

Dicen que se trata del fantasma de Anna, enfurecida al ver el vestido de novia porque nunca pudo ponerse uno ni casarse con el hombre que amaba.

. . .

La Sociedad Histórica decidió llevar a cabo su propio estudio sobre las razones por las que el vestido de novia nunca permanece quieto y llegó a la conclusión de que, después de que las cámaras ocultas captaran un movimiento evidente y deliberado mientras no había nadie más en la sala, el espíritu de Anna Baker sigue vivo y ha venido a reclamar su vestido.

Sin embargo, los avistamientos de fantasmas y espíritus no terminan aquí. La gente ha afirmado ver a un espíritu femenino mayor vestido con un pesado vestido negro subiendo lentamente las escaleras. La mayoría cree que este fantasma en particular no es otro que la madre de Anna, Hetty. Cerca del sótano se ha visto la aparición de un hombre vestido con un uniforme que recuerda al de un tripulante de un barco de vapor.

Se cree que este espíritu es el hermano mayor de Anna, David, cuyo cuerpo congelado y sin vida permaneció en el sótano hasta que el suelo se descongeló para que pudiera recibir un entierro adecuado tras morir en un accidente de barco en 1852.

Los visitantes del museo y varios miembros del personal también han visto los fantasmas de Elias y Anna Baker.

· · ·

El cuadro del hombre angustiado

Este cuadro de aspecto aterrador estuvo guardado en el desván de la abuela de Sean Robinson durante veinticinco años antes de que él lo heredara de ella. Ella siempre le había dicho que el cuadro era maligno, explicando cómo el artista que lo creó había utilizado su propia sangre mezclada con la pintura, y se había suicidado poco después de terminarlo. Afirmaba que oía voces y llantos cuando el cuadro estaba expuesto, y que veía la figura sombría de un hombre en su casa, por lo que lo encerró en el ático.

En cuanto Robinson se llevó el cuadro a su casa, él y su familia empezaron a experimentar el mismo tipo de fenómenos espeluznantes. Su hijo se cayó por las escaleras, su mujer sintió que algo le acariciaba el pelo, y vieron al hombre de las sombras y oyeron llantos.

Robinson decidió instalar una cámara durante la noche para intentar grabar algunos de los extraños sucesos. Los vídeos de Robinson en YouTube muestran portazos, humo ascendente y el cuadro cayendo de una pared sin motivo.

. . .

Asustado, Robinson pronto guardó el cuadro en su sótano, pero de vez en cuando lo saca a la vista del público para investigar.

Recientemente llevó el cuadro a una investigación paranormal nocturna en el castillo de Chillingham. Fue en la noche del 18 de mayo de 2013 cuando un grupo de personas experimentó sucesos aterradores e inexplicables.

Ninguno de los invitados estaba preparado para lo que estaba a punto de suceder en las primeras horas de la mañana de ese domingo. La habitación se volvió gélida, una gran figura oscura apareció en medio del círculo de la sesión de espiritismo, y un gran banco de madera golpeó el suelo por sí mismo en respuesta a las preguntas de John Blackburn a la pintura.

Luego, el banco fue volteado repentinamente por lo que se cree que es John Sage, uno de los poderosos espíritus residentes en el castillo de Chillingham. Creemos que John estaba mostrando su ira a un espíritu extranjero, no invitado en su castillo. John Blackburn declaró que fue la experiencia más extraña en todos sus años de investigación.

· · ·

El espejo de la plantación de Myrtles

En todas las culturas se cree que los espejos tienen la llave para abrir una puerta entre el mundo de los vivos y el de los muertos. Se cree que este espejo en particular es uno de ellos.

La plantación Myrtles, en St. Francisville (LA), afirma ser "una de las casas más embrujadas de Estados Unidos". Aunque decenas de leyendas rodean esta histórica propiedad, la mayoría de ellas relacionadas con una serie de asesinatos que tuvieron lugar allí, la historia del espejo embrujado es una de las más famosas.

Según la leyenda popular, una esclava llamada Chloe cocinó un pastel con adelfas y envenenó a tres miembros de la prominente familia Woodruff: Sara, la señora de la plantación, y sus dos hijas. Algunos dicen que Chloe mató a la familia a propósito, mientras que otros insisten en que sólo quería enfermarlos.

En cualquier caso, Sara y las niñas murieron y sus almas están ahora atrapadas en el viejo espejo, o eso dicen las historias.

. . .

Los visitantes de la plantación, de 217 años de antigüedad, dicen haber visto huellas de manos en el cristal, aparentemente hechas desde el interior, que muestran huellas dactilares supuestamente pertenecientes a los Woodruff. También hay extrañas marcas de "goteo" a lo largo del espejo, y ninguna limpieza puede eliminar los residuos. Los visitantes también han visto figuras con ropas anticuadas acechando dentro del cristal deformado del espejo. La plantación Myrtles es ahora un próspero Bed & Breakfast y los huéspedes pueden ver y fotografiar el espejo.

El diamante Hope

El diamante Hope o diamante de la Esperanza es un diamante de color azul marino con un peso superior a 45 quilates. Robado al joyero francés Jean Baptiste Tabernier en 1642, fue envuelto en una legendaria y supuesta maldición que perseguía a sus respectivos poseedores.

La gran disputa del diamante de la Esperanza, siguió un rastro de muerte y desgracia a sus propietarios desde el primer momento que fue robada a Tabernier. El diamante perteneció a la estatua de la Diosa Deidad Sita, situada en la mina de Golconda Kollur en la India.

. . .

Inmediatamente después de la venta de Luis XVI, Tabernier se reunió con su trágico final en su siguiente viaje a la India, donde unos perros salvajes acabaron con su vida. Heredado de nuevo por Luis XVI y su reina Maria Antonieta, el diamante recibió el título real de Diamante azul de la Corona. Queriendo dar otro aire más romántico para el gusto de Maria Antonieta, el diamante se convirtió en una piedra en forma de corazón, reduciendo su peso a 67 quilates.

Pero la desgracia del diamante de la Esperanza golpeó de nuevo. Después de un inquietante e inestable reinado fueron decapitados durante la Revolución Francesa de 1789. Durante la crisis política fueron depositadas en las Reales Joyerías de Garde Meublè, donde fueron robadas en varias ocasiones. Con el tiempo fueron recuperando parte de las joyas, pero el famoso diamante azul desapareció por un largo periodo de tiempo.

El diamante fue encontrado en Londres y posteriormente fue comprado por Henry Philip Hope en 1813 llamando desde entonces el Diamante Hope. Éste le dejó una estela de desgracias familiares y quiebras en sus negocios que le impidieron su prosperidad.

· · ·

Continuando con su camino de desgracias, fue vendido al príncipe ruso Kanitowski que tras conocer su legendaria maldición lo vendió rápidamente al actor francés Ladue Lorens a quien mataron a tiros en una representación en el escenario. Su nuevo propietario, un griego llamado Simon Montharides murió con su familia tras caer con su automóvil por un precipicio. El diamante de la Esperanza cumplía con su historia. Incluso el sultán turco Abdul Hamid II tras poseer el diamante, fue destronado por un corto periodo de tiempo en 1909.

El diamante Hope viajó a los Estados Unidos con el joyero Simon Frankel, éste se dirigió de nuevo a París al encuentro del joyero Pierre Cartier que buscaba un comprador.

De vacaciones en París en 1911, Evalyn Ned y su esposo estaban hospedados en el hotel Bristol cuando recibieron la visita de Cartier. Su búsqueda terminó con el rico y excéntrico matrimonio quienes estuvieron de acuerdo en comprarlo tras escuchar la curiosa maldición que llevaba el diamante. Decidieron convertirlo en un encanto de buena suerte.

Pero de nuevo la tragedia surcaba a los poseedores del diamante.

Su hijo murió extrañamente en un accidente de automóvil y su hija se suicidó de forma incomprensible. Mientras el marido de Evalyn Ned tras el terrible dolor acabó enloquecido en los confines de un hospital psiquiátrico. Después de la muerte de Evalyn, fue puesto a la venta en 1949 para ser adquirido por un joyero de New York llamado Harry Winston.

Winston, afectado quizás por la maldición decidió donar el diamante al Museo de Historia Natural del Smithsonian en Washington que es su actual destino.

Se dice que la maldición del diamante de Hope era tan fuerte, que cuando fue entregado al museo en una caja por el cartero James Todd, éste tuvo algunas lesiones en una pierna al ser atropellado por un camión.

Su esposa falleció de un paro cardíaco, su perro murió estrangulado por su correa y por último su casa sufrió un incendio.

A partir de entonces se ha vuelto legendario por la supuesta maldición que alcanza a sus poseedores. Desde 1958, es una de las joyas más visitadas en el Museo Nacional de Historia Natural de Washington DC.

El auto maldito de James Dean

Hay autos que quedaron en la historia por ocasionar hechos desgraciados y curiosos. Es el caso del Porsche 550 Spider, un potente deportivo descapotable que se cobró la vida de un actor americano en plena fama. En la tarde del 30 de septiembre de 1955, el actor James Dean se estrelló en su Porsche plateado, que él había bautizado cariñosamente como "Little Bastard", pequeño bastardo. El famoso actor retornaba de una carrera cuando en el cruce de dos rutas de California, sufrió un grave accidente que le costó la vida.

Tras el fatal accidente, empezó a circular una leyenda que hablaba de que las partes que fueron rescatadas del auto en el choque, y fueron reutilizadas en otros autos, cargaban consigo una poderosa maldición que se transformaba en accidentes y hasta la muerte de quienes entraban en contacto con lo que quedó de aquel Porsche maldito.

Luego del accidente, el Porsche 550 Spyder que perteneciera al actor que falleció a los 24 años, fue declarado como destrucción total por la compañía aseguradora y, como compensación, pagó el valor comercial del vehículo al padre de Dean.

Los restos del auto siniestrado fueron puestos a la venta, por la compañía, intentando recuperar una parte de lo perdido en el siniestro. Esos elementos fueron adquiridos por un doctor de Burbank, California. Y aquí es donde empieza la maldición de aquel coche.

La siguiente víctima del "pequeño bastardo" sería un tal Dr. McHenry, quien, manejando un auto impulsado por el motor del Porsche de Dean, se mató cuando perdió el control del vehículo y se estrelló contra un árbol en la primera carrera en que se usó después de la muerte del actor nacido en EEUU.

Luego otro Doctor, de nombre Eschrid, también corrió en la misma competencia con el tren motriz del Porsche maldito, y resultó lastimado luego de sufrir una volcadura.

En 1959, el Porsche restaurado, ardió en llamas de modo inexplicable mientras se encontraba almacenado en Fresno, California, para una exhibición automovilística.

Nadie salió herido ni ningún otro vehículo resultó afectado.

. . .

Para continuar con el misterio, luego del enigmático incendio, el auto maldito fue llevado de gira para ser exhibido por todo USA y, en 1960, tras haber sido perfectamente resguardado en un tráiler para su traslado desde Florida hasta Los Ángeles, se abrió la puerta del remolque y el misterioso Porsche despareció sin dejar rastro alguno.

La Diosa de la Muerte

Hay muchos objetos malditos en el mundo pero solo uno fue capaz de matar a tantas personas que lo tuvieron en sus manos, este objeto mató a 4 familias.

La Diosa de la muerte o la mujer de Lemb es una estatua pequeña de 30 o 40 centímetros, es de piedra caliza, se estima que tiene más de 3500 años de antigüedad, se descubrió en 1878 en lemb, chipre (de ahí el nombre la mujer de Lemb) la estatua es una diosa o un ídolo de la fertilidad. La estatua no es para nada atractiva, después de encontrarse la estatua se vendió al señor Elphont, el cual la tuvo durante 7 años en su poder y durante esos 7 años los 7 miembros de su familia murieron, nadie sobrevivió al ver que esto sucedió todos culparon a la estatua.

. . .

Después se volvió a vender la estatua a su segundo dueño llamado Ivor Manucci, duró cuatro años con la estatua hasta que todos los familiares murieron, toda persona que tocara la estatua moría por la maldición aunque nadie sabe todavía exactamente cual es la razón de esa maldición ni cómo evitarla.

Tiempo después su tercer dueño Thompson-Noel, compró la estatua después de cuatro años sucedió lo mismo, los familiares empezaron a morir de enfermedades, accidentes y asesinatos. Para este momento el objeto tenía una fama terrible, pero la historia no acaba aquí.

Hubo alguien que no creía en lo paranormal, era el señor Alan Biverbrook, un gran coleccionista que compró la estatua a un excelente precio, pero sufrió las mismas consecuencias que los antiguos dueños, tanto él como su esposa y sus dos hijas murieron. Antes de que murieran más personas, los dos hijos varones a pesar de que eran fanáticos del ocultismo tenían miedo por las muertes de sus familiares. Antes de que ellos también murieran decidieron donar la estatua al museo real de Escocia de Edimburgo.

Apesar de que la estatua fue donada la maldición no terminó ahí.

Después de ser donada el jefe de sección donde estaba la estatua murió de un paro cardíaco, el museo no culpó a la estatua pero sabemos que sin duda fue a causa de la diosa de la muerte, la pregunta es "¿cuáles serán las próximas víctimas de esta estatua maldita?"

El piano maldito

Esta historia real ocurrió en 1968 en Hanwell, Londres. La hija de la familia, una joven de 11 años de nombre Pam estaba aprendiendo a tocar el piano. Estaba teniendo clases con un profesor de música, pero necesitaba un piano en casa para practicar. Sus padres buscaron por los alrededores y, finalmente encontraron uno para la venta en una tienda de segunda mano.

El piano fue comprado y entregado debidamente. La casa era una terraza de 1930 con una sala de frente y con un salón en la parte trasera. El piano residió en la sala, ya que la habitación principal de la familia estaba en el frente. Al principio, todo iba bien, Pam comenzó a practicar sus escalas y melodías como le habían enseñado y disfrutó usando su nuevo piano.

. . .

Sin embargo, con el paso del tiempo, la familia comenzó a notar cosas extrañas que sucedieron: chorros de gas en la cocina y el fuego se encendía sin que nadie lo encendiera, el cierre de las puertas exteriores y que no tenían capacidad para abrirse porque estaban bloqueadas y otros sucesos triviales, tales como dinero y objetos que se aparecían en lugares extraños, todos los cuales se ponen por alguna distracción. Estos eventos ocurrieron en el transcurso de varias semanas, no ocurrió ningún otro suceso notable, así que la familia finalmente se estableció sin importancia.

En el verano de ese año, la familia decidió volver a decorar la sala por lo que el piano fue trasladado temporalmente a la habitación delantera. Aquí es cuando las cosas realmente extrañas comenzaron a suceder: el soporte de las hojas de la música en el piano se movía por su propia voluntad y la tapa del piano se abría y se cerraba por sí misma. Durante este período la familia todavía seguía siendo encerrada y chorros de gas estaban siendo encendidos y apagados. Los padres de Pam decidieron hacer caso omiso de esta actividad y entraron en un ciclo de negación de que algo estaba pasando. Sin embargo, esto no impidió que el fantasma aumentara sus actividades en algo más aterrador. Un fin de semana, Pam y sus padres se fueron de vacaciones, dejando al hermano de Pam, el Sr. Winn solo en la casa.

. . .

Estaba a punto de unirse a la Marina Real por lo que no pudo unirse al resto de la familia en el descanso. Mientras se alojaba solo en la casa, el piano comenzó a tocar una nota solitaria toda la noche y cuando él fue a ver, no había nadie sentado frente al piano. Él decidió no tocarlo y dejarlo sólo como estaba, no tocarlo en absoluto y esperar a que sus padres regresaran.

Cuando el resto de la familia regresó a la casa en Hanwell Pam reanudó sus clases de piano. Por este tiempo el piano había sido devuelto a la sala y aparte de uno o dos incidentes extraños, no pasó mucho más, pero en el otoño de 1968, Pam tuvo la experiencia más aterradora, Mientras se estaba acostando en su cama una noche sintió un apretón de una mano helada en su garganta y las cortinas de la habitación se movieron sin que las ventanas estuvieran abiertas. Aún en la negación, sus padres creían que había tenido un mal sueño; no fue hasta que un día la madre finalmente vio el fantasma de un viejo hombre de pie junto al piano y la familia tuvo que admitir que al piano le estaba sucediendo algo extremadamente extraño.

Su padre lo llevó al jardín trasero y lo quemó en una hoguera y desde ese momento no volvieron a tener problemas.

. . .

En su incredulidad la familia Winn fue a ver al dueño de la tienda de segunda mano. Les dijo que el piano había venido de una casa cercana donde un anciano había muerto. Era muy aficionado al piano y lo había guardado durante muchos años. Fue entregado a él por dos ancianas que se habían mudado a la casa después de la muerte del hombre y que decidió mantener el piano. Lo curioso es que cuando el dueño de la tienda hizo la entrega del piano, escuchó una de las mujeres diciéndole a la otra, "¿Este será el fin a la molestia?"

Otro caso parecido fue el Órgano maldito que atormentaba a sus dueños por tocar melodías sólo que fue donado al Museo Warren, quienes lo han conservado durante años y puede ser exhibido como una de las atracciones principales del museo.

Conclusión

Con esto termina nuestra mirada a algunas de las muñecas y muñecos más embrujados del mundo. Si bien no todos merecen el descriptor demoníaco, todos son preocupantes en cierto sentido, y muchos definitivamente merecen el apodo verdaderamente terrible. Lo que los hace así es todavía discutible, y lo será durante mucho tiempo. Hay tantas teorías para explicar sus travesuras como muñecas, que es un tema que nunca tendrá un fin.

Al igual que los objetos y los cuadros de los cuales hablamos en el último capítulo. La realidad es que puede ser una casualidad que justo cuando pasa algo malo, los objetos de los que hablamos estén presentes o tal vez no y de verdad la gente que los tuvo en su poder, dejó una energía pesada o buscan venganza.

Sea cual sea la razón es mejor que tanto las muñecas, los cuadros y todos los objetos se queden guardados y que nadie pueda tener acceso ya que nunca sabemos cuando pueda estar cerca alguno de ellos.

Pero el propósito de este libro no es responder a misterios irresolubles; es traer conciencia de que tales fenómenos existen. Algún día puede que incluso te encuentres con algo así. Y en algunas de las historias que acabamos de contar nos llegan a describir qué es lo que tenemos que hacer o cómo debemos reaccionar si algo así nos llegara a pasar. Según John Zaffis, "Todos, tarde o temprano, entran en contacto con un elemento que los desanima o los hace sentir incómodos". Si esto le sucede a usted, confíe en su instinto y esté atento y consciente. Las cosas pueden escalar rápidamente cuando se trata de espíritus. Ignorar las señales podría ser un terrible error y le podría traer consecuencias inimaginables. Así que siga mi consejo y esté consciente de todo lo que pase a su alrededor y también de la gente que lo rodea, uno nunca sabe cuando un espíritu puede estar cerca, ¿o si?

Bibliografía

Harold

https://www.despertarsabiendo.com/terror/5-historias-de-munecos-poseidos-de-la-vida-real/

Okiku

https://www.guioteca.com/fenomenos-paranormales/la-tenebrosa-historia-de-okiku-la-muneca-japonesa-poseida-que-hace-recordar-a-annabelle/

La muñeca Pupa

https://eslamoda.com/10-munecas-poseidas-con-las-que-no-te-gustaria-jugar-te-contamos-sus-historias

. . .

Mandy

https://supercurioso.com/mandy-la-muneca-maldita/

Joliet

https://creepypasta.fandom.com/es/wiki/
Joliet#:~:text=La%20historia%20de%20Jo-
liet%20se,ella%20de%20su%20propia%20madre.

Peggy

https://www.3djuegos.com/comunidad-foros/tema/
36874101/0/peggy-la-muneca-poseida-que-causa-
enfermedades-a-todo-aquel-que-la-mira/

La peruana

https://www.shock.co/cultura-pop/5-historias-de-
munecos-embrujados-y-poseidos-que-no-lo-dejaran-
dormir

Objetos y cuadros

https://www.hdparanormal.com/famous-cases-of-
haunted-objects
https://de10.com.mx/top-10/los-10-objetos-
malditos-mas-famosos-de-la-historia

https://elbauldejosete.wordpress.com/2009/05/21/
la-maldicion-del-diamante-de-la-esperanza/

https://aminoapps.com/c/terror-amino-en-espanol/
page/blog/la-tumba-maldita-de-bathsheba-
sherman/pvDJ_bgtQuRLE2RDE44QaML5nkQWoBn4
3j